PARAMAHANSA YOGANANDA

MEDITATIONEN
ZUR
SELBSTVERWIRKLICHUNG

OTTO WILHELM BARTH VERLAG

Der Titel der im Verlag Self-Realization Fellowship, Los Angeles erschienenen Originalausgabe lautet: *Metaphysical Meditations*.

Die Self-Realization Fellowship (Gemeinschaft der Selbst-Verwirklichung) ist eine gemeinnützige Organisation ohne sektenhaften Charakter, die im Jahre 1920 von Paramahansa Yogananda in Amerika gegründet wurde.

Wahrheitssucher, die an der Lehre Paramahansa Yoganandas und an seinen Lektionen (in deutscher Sprache) interessiert sind, können sich zwecks Erhalts eines unentgeltlichen Prospektes an die Self-Realization Fellowship, 3880 San Rafael Avenue, Los Angeles, California 90065, USA, wenden.

 Autorisiert durch
International Publications Council
Self-Realization Fellowship, USA

NACH DEM TODE PARAMAHANSA YOGANANDAS OFFENBARTE DESSEN KÖRPER EINEN PHÄNO-MENALEN ZUSTAND VON UNVERÄNDERLICHKEIT

Am 7. März 1952 ging Paramahansa Yogananda in Los Angeles (Kalifornien) in den *Mahasamadhi* ein. (Das ist der endgültige und bewußte Austritt eines Yogi aus seinem Körper.) Harry T. Rowe, der Direktor des Friedhofs von *Forest Lawn Memorial Park* in Los Angeles sandte der Gemeinschaft der Selbst-Verwirklichung eine beglaubigte Urkunde, der wir hier folgende Auszüge entnehmen:

»Das Ausbleiben jeglicher Verfallserscheinungen am Leichnam Paramahansa Yoganandas stellt den außerge-wöhnlichsten Fall in allen unseren Erfahrungen dar . . . Selbst zwanzig Tage nach seinem Tode war kein Zeichen einer körperlichen Auflösung festzustellen . . . Die Haut zeigte keinerlei Verwesungserscheinungen und das kör-perliche Gewebe keine Spuren von Austrocknung. Ein solcher Zustand von Unverweslichkeit ist, soweit uns aus Friedhofsannalen bekannt ist, einzigartig . . . Kein Ver-wesungsgeruch konnte während der ganzen Zeit an sei-nem Körper wahrgenommen werden.«

GEBET FÜR EINE VEREINIGTE WELT

von Paramahansa Yogananda

Mögen die Führer aller Länder und Rassen zu der Erkenntnis gelangen, daß alle Nationen körperlich und geistig eine Einheit bilden: Körperlich, weil wir alle die Nachkommen der gleichen Stammeltern sind – des symbolischen Paares Adam und Eva –, und geistig, weil wir die unsterblichen Kinder unseres Vaters sind, um die sich seit je das einigende Band der Brüderlichkeit schlingt.

Laßt uns von Herzen um eine Vereinigung der Seelen, um eine Vereinte Welt beten. Auch wenn uns Rasse, Glaubensbekenntnis, Hautfarbe, soziale Stellung und politische Vorurteile voneinander zu trennen scheinen, so sehnen wir uns als Kinder des einen Gottes dennoch aus tiefster Seele nach Brüderlichkeit und Welteinheit. Mögen wir alle am Aufbau einer Vereinigten Welt mithelfen, in der jede Nation zu einem nützlichen Glied des Ganzen wird und sich – durch das feinfühlige Gewissen der Menschen – von Gott leiten läßt.

Im eigenen Herzen können wir uns alle darum bemühen, frei von Haß und Selbstsucht zu werden. Laßt uns für die Einigkeit zwischen den Ländern der Welt beten, damit wir Hand in Hand einer neuen, hoffnungsvollen Zivilisation entgegenschreiten.

VORWORT

*Die meisten Menschen würden gern meditieren, wenn sie
nur wüßten, wie! Der Sinn der Meditation besteht darin,
Gott zu erkennen und die kleine Freude der Seele mit
der unendlichen Freude des* GEISTES *zu vereinigen.*

*Meditation ist nicht dasselbe wie Konzentration. Kon-
zentration besteht darin, die Aufmerksamkeit durch nichts
ablenken zu lassen und sie nur noch auf einen Gedanken
zu richten. Meditation hingegen ist jene besondere Art
der Konzentration, in der die Aufmerksamkeit einen Zustand tiefster Ruhe erreicht hat und sich ausschließlich auf
Gott richtet. K o n z e n t r i e r e n kann man sich sowohl
auf göttliche Dinge als auch auf finanzielle Fragen. Man
kann aber nicht über Geld oder andere materielle Dinge
m e d i t i e r e n. Meditation bedeutet, ganz in dem Gedanken an Gott oder Seine heiligen Propheten aufzu-
gehen.*

*Die Meditation besteht aus bestimmten physischen, psy-
chischen und metaphysischen Vorgängen, die einem helfen
sollen, die Ruhelosigkeit, d. h. die »Störungen« im
»Radio« des menschlichen Geistes zu beseitigen und es
auf den »Sender« der Unendlichkeit einzustellen.*

*Bei allen Meditationsarten haben wir es mit dem Meditie-
renden, dem Meditationsvorgang und dem Meditations-
gegenstand zu tun. Was wir anstreben, ist ein Zustand
ruhiger, lang anhaltender, konzentrierter Aufmerksamkeit, in dem wir uns des* GEISTES *bewußt werden, bis unsere Seele schließlich für immer ins Meer der Glückseligkeit*

einmündet. Der Meditierende sollte also mit einer bestimmten Meditationsmethode vertraut sein und über einen erhebenden Gedanken oder ein geistiges Erlebnis meditieren.

Dieses Büchlein bietet dem Schüler, der bereits gelernt hat, seine widerspenstigen Gedanken im Zaum zu halten und in tiefes Schweigen einzugehen, bestimmte metaphysische Meditationsmethoden.

Es werden drei Arten von Meditationen geboten: Gebete oder Bitten, die an Gott gerichtet sind, göttliche Leitgedanken und anspornende Worte an das eigene Bewußtsein. Jeder soll sich je nach Bedarf eine davon aussuchen und die Worte (entweder laut oder in Gedanken) langsam und bewußt wiederholen, bis er ganz von ihrem inneren Sinn durchdrungen ist.

WIE MAN ANTWORT VON IHM ERHÄLT

von Paramahansa Yogananda

Ob Er dir antwortet oder nicht,
Gib dein Rufen nie auf!
Bete zu Ihm
Im Kämmerlein deines Herzens,
Rufe Ihn unentwegt an!

Ob Er kommt oder nicht,
Glaube fest,
Daß Er den sehnsüchtigen Ruf
Deines Herzens vernimmt
Und dir von Tag zu Tag näherkommt.

Ob Er dein Flehen erhört oder nicht,
Bitte Ihn immerfort.
Auch wenn du nicht
Die gewünschte Antwort erhältst,
Sei überzeugt,
Daß Er auf heimliche Weise
Deinem Verlangen entspricht.

Wisse, daß Er es ist,
Der dich in unergründliche Tiefen
Des Betens verlockt
Und dich dort nach Ihm suchen läßt.

Wenn du im Trubel des Lebens,
In Krankheit und Tod
Unentwegt nach Ihm rufst,

Wenn du dich durch Sein scheinbares
Schweigen
Nie entmutigen läßt,
Wirst du schließlich
Seine Antwort erhalten.

LIEBE UND ANBETUNG

WIE MAN EINE MEDITATION BEGINNT

Schließe die Augenlider; sie sind der Vorhang, der vor dem erregenden und verlockenden Schauspiel des Lebens niedergeht. Tauche tief in den Brunnen deines Herzens. Konzentriere dich auf dein Herz und fühle, wie es von lebenspendendem Blut durchpulst wird. Halte die Aufmerksamkeit fest auf dein Herz gerichtet, bis du sein rhythmisches Schlagen vernimmst. Mit jedem Herzschlag offenbart sich der Puls des allumfassenden Lebens. Stelle dir vor, wie dieses eine, alldurchdringende Leben in den Herzen von Millionen von Menschen und Milliarden anderer Lebewesen pocht. Der Herzschlag verkündet unaufhörlich und mit sanfter Eindringlichkeit die Gegenwart einer unendlichen Macht, die sich hinter den Toren deiner Wahrnehmungskraft verbirgt. Und dieses sanfte Pochen des alldurchdringenden Lebens flüstert dir leise zu:

»Gib dich nicht mit dem kleinen Pulsieren des Lebens zufrieden, sondern erweitere die Kraft deines Gefühls. Laß mich dein Blut, deinen Körper und Geist, dein Gefühl und deine Seele mit Meinem allumfassenden Leben durchfluten.«

ERWECKUNG GEISTIGER FREIHEIT

Sitze still und halte die Wirbelsäule gerade. Schließe die Augenlider und halte die Augäpfel ruhig. Dann löse dich von dem Gefühl körperlicher Schwere, indem du die Nervenstränge, die mit den schweren Muskeln und Knochen des Körpers verbunden sind, entspannst. Vergiß, daß du ein schweres Knochenbündel zu schleppen hast, das in ein dichtes fleischliches Gewand eingehüllt ist. Entspanne dich! Betrachte dich nicht als ein Lasttier und denke nicht an dein Körpergewicht, sondern fühle, daß deine Seele jenseits aller stofflichen Schwere besteht. Schwebe im Segelflugzeug deiner Phantasie nach oben und nach unten, nach rechts und nach links, in die Unendlichkeit – wohin du willst! Fühle dich frei vom Körper und meditiere darüber. Träume, lebe und fühle dich in diesen überkörperlichen Zustand hinein, während du still sitzen bleibst. Dann wird das Bewußtsein der Freiheit ständig in dir zunehmen.

UNIVERSALES GEBET

Laß Deine Liebe für immer im Heiligtum meiner Hingabe leuchten und gib mir die Fähigkeit, Deine Liebe in allen Herzen zu erwecken.

*

O Vater, empfange die Glut meiner Seele, die seit Inkarnationen angesammelte Hingabe, die in Jahrhunderten gereifte Liebe, die ich bis jetzt im Gewölbe meines Herzens verschlossen hielt.

Göttlicher Vater, ich habe im Tempel meines Schweigens einen Garten für Dich errichtet und ihn mit den Blüten meiner Liebe geschmückt.

Mit brennendem Herzen, verlangendem Geist und flammender Seele lege ich alle Blumen meiner Liebe zu Deinen Füßen nieder, allgegenwärtiger Gott!

O Geist, im Tempel der Natur bete ich Dich als Schönheit und Weisheit an, im Tempel der Tätigkeit als Kraft und im Tempel des Schweigens als Frieden.

ICH WILL AUF DICH WARTEN

In einem Winkel meines Herzens steht ein geheimer Thron für Dich bereit. Die Kerzen meiner Freude glimmen erwartungsvoll. Sie werden hell aufflackern, wenn Du erscheinst. Doch ob Du kommst oder nicht, ich will auf Dich warten, bis meine Tränen alle stoffliche Schwere auflösen.

Um Dich zu erfreuen, o schweigsamer Gott, will ich Deine Füße heimlich mit den Tränen meiner Liebe benetzen, und der Altar meiner Seele soll leer bleiben, bis Du kommst.

Ich will nichts sagen und Dich um nichts bitten. Du kennst ja die Qual meines Herzens; Du weißt, wie ich auf Dich warte!

Du weißt, daß ich bete, Du weißt, daß ich keinen anderen liebe. Doch ob Du kommst oder nicht, ich will auf Dich warten – und sei es in alle Ewigkeit.

Ich will alle Trübsal vertreiben und mich ernstlich bemühen, Gott in der Meditation zu fühlen – bis Er endlich erscheint.

MEINE OPFERGABEN

Jeden Morgen weihe ich Dir meinen Körper, meinen Geist und alle Fähigkeiten, die ich besitze, damit Du sie – o unendlicher Schöpfer – nach Deinem Willen gebrauchst. Ich weiß, daß alle Werke Deine Werke sind und daß keine Aufgabe zu schwer und keine Arbeit zu niedrig ist, wenn ich sie Dir in Liebe widme.

*

Göttliche Mutter, in der Sprache meiner Seele verlange ich nach Dir. Du bist das Wesen der Dinge. Mit jeder Faser meines Herzens, mit jedem Gedanken sehne ich Dich herbei. Erwecke mein Herz!

Geliebter Vater, mit jedem Schlag meines Herzens erklingen die wortlosen Lieder meiner Sehnsucht. Ich will Deine Gegenwart in allen Herzen fühlen. Ich will das Wirken Deiner Hände im Gesetz der Schwerkraft und in allen anderen Naturgesetzen erkennen. Im Tritt aller lebenden Wesen will ich Deine Schritte hören.

O unsichtbarer Herzensbetörer, Du bist der Quell aller wahren Freundschaft. Du bist die geheimnisvoll strahlende Wärme, die die Knospen des Gefühls aufspringen läßt und die Dichter zu seelenvollen Worten der Liebe und Treue bewegt.

Während ich Mitgefühl und guten Willen auf andere ausstrahle, öffne ich mir den Zugang zur Liebe Gottes. Die magnetische Kraft göttlicher Liebe zieht allen Segen an.

Vater, komm in meine Seele! Ich habe Dir die Tür meines Herzens geöffnet und bete unaufhörlich um Deine Gegenwart.

Ich will nicht zu sehr an äußeren Dingen hängen, weil sie mich Gott vergessen lassen. Alle Verluste, die wir erleiden, sind keine Strafe, sondern nur eine Prüfung, die uns zeigt, ob wir die Dinge dieser Welt mehr lieben als den unendlichen Herrn.

> Ich gehorche Dir im Tempel der Zucht.
> Ich liebe Dich im Tempel der Andacht.
> Ich bete zu Dir im Tempel der Liebe.
> Ich berühre Deine Füße im Tempel des
> Schweigens.
> Ich schaue Deine Augen im Tempel der Freude.
> Ich fühle Dich im Tempel des Gemüts.
> Ich kämpfe für Dich im Tempel der Tätigkeit.
> Ich freue mich Deiner im Tempel des Friedens.

Ich will mich in früher Dämmerung erheben und meine schlummernde Liebe zu Gott wecken, damit Er sich im Licht meiner Hingabe als innerer Frieden offenbart.

Himmlischer Vater, komm in meine unsichtbare Kirche, die ich aus dem Granit der Hingabe erbaut habe, und nimm die bescheidenen Opfergaben meines Herzens entgegen, die ich täglich im Gebet erneuern will.

Göttliche Mutter, laß die Knospe meiner Hingabe weit aufblühen und ihren Duft verbreiten, damit er von meiner Seele zu allen anderen Seelen dringt und ewig von Dir flüstert.

ICH HABE DEINE STIMME VERNOMMEN

Göttliche Mutter, ich habe Dein Flüstern im Duft der Rose vernommen. Ich berührte Dich in der Sanftheit der zarten Lilie. Im Flüstern meiner Hingabe antwortete mir Deine Liebe.

*

Christus ist aus dem Grab meiner Gleichgültigkeit auferstanden, und ich schaue ihn im Licht meiner Hingabe. Ich bin ein Gotteskind, das aus seinem körperlichen Gefängnis, in dem es geschlafen hat, hinaus in die unermeßliche Freiheit des Geistes tritt.

UNSTERBLICHE LIEBE

O Du großer Liebender, Du bist das Leben, Du bist mein Ziel, Du bist mein ganzes Begehren. Erlöse mich aus den Banden der trügerischen Maya* und laß mich Deine beseligende Nähe fühlen. Geliebter Gott, erfülle mein Herz mit unvergänglicher Liebe zu Dir allein.

---

* Der trügerische Schleier der Schöpfung, dessen mannigfaltige Formen die eine formlose Wahrheit verbergen

DER BRUNNEN MEINES SCHWEIGENS

Sein Lachen nahm mein Herz gefangen. Als ich mich zwischen Fichten in einer Hängematte wiegte und in das Blau des Himmels sah, überflutete Seine Freude mein bekümmertes Herz.

Ich fühlte, wie sich der Himmel rührte und Seine Gegenwart mich durchdrang. Mein Körper wurde regungslos. Die Kraft meines Schweigens grub sich tief in mein Herz, bis dort ein unergründlicher Quell entsprang.

Die sprudelnden Wasser meines Quells erhoben ihre Stimme und riefen allen durstigen Dingen zu, sich an meiner Inspiration zu laben. Und plötzlich öffnete sich der weite Himmel und tauchte seine blauen Lippen in den Quell meines Herzens. Die Fichten, die segelnden Wolken, die Berge, die Erde, die Planeten und alle Dinge senkten ihren Mund in den Quell meiner Glückseligkeit. Sie alle tranken aus mir und tauchten gesättigt in die Wasser meiner Unsterblichkeit. Ihre groben Körper berührten den verwandelnden Weiher meiner Seele und wurden strahlend und rein. So wie Zuckerkörnchen sich in einem Krug funkelnden Wassers auflösen, so vergingen die Wölkchen, die hohen Hügel, die schöne Landschaft, die Sterne, die Seen, die Welten, die Bächlein fröhlicher Gedanken und die sich endlos dahinwindenden Flüsse des Ehrgeizes, auf denen die Lebewesen inkarnationenlang dahintreiben – sie alle versanken im Meer meines allauflösenden Schweigens.

O göttlicher Hirte unendlicher Wahrnehmung, errette meine Gedanken, die gleich verlorenen Lämmlein in der Wüste der Ruhelosigkeit umherirren, und führe sie in Deine Hürde des Schweigens.

Geliebter Vater, laß mich in der stillen Glut meiner Hingabe stets Deine Gegenwart fühlen.

Geliebter Gott, pflücke die Lotosblume meiner Liebe, die im irdischen Morast der Vergessenheit wächst, und nimm sie an Deine Brust, damit sie sich ewig Deiner erinnert.

Ich neige mich vor Dir, o Gott, im Tempel des Himmels, im Tempel der Natur und in den Tempeln aller menschlichen Bruderseelen.

ICH VEREHRE GOTT ÜBERALL

Ich neige mich vor dem einen unendlichen Vater, der sich auf mannigfaltige Weise offenbart; ich neige mich vor Ihm in den vielen Kirchen und Tempeln, die alle zu Seiner Ehre errichtet wurden. Ich bete den einen Gott an, der auf dem Altar verschiedener Lehren und Glaubensbekenntnisse wohnt.

Heute will ich Gott in tiefem Schweigen anbeten und warten, bis ich im stets anwachsenden Frieden meiner Meditation Seine Antwort vernehme.

Ich will meine innerlich geflüsterten Gebete mit denen aller Heiligen vermischen und sie Ihm unaufhörlich im Tempel des Schweigens und der Tätigkeit darbieten, bis ich Sein Flüstern überall deutlich vernehmen kann.

Heute soll der beste Tag meines Lebens sein. Heute will ich einen neuen Entschluß fassen und meine Liebe für immer dem Allgegenwärtigen zu Füßen legen.

ERWEITERTE LIEBE

*(Meditiere hierüber, denke oft darüber nach
und versuche es zu fühlen.)*

Ich will das Reich meiner Liebe erweitern. Bisher habe ich
vor allem den Körper geliebt und mich mit ihm und seinen
Begrenzungen identifiziert. Nun aber will ich mit derselben Liebe, die ich meinem Körper gegeben habe, alle
lieben, die auch mich lieben. Und mit dieser erweiterten
Liebe will ich alle lieben, die zu meiner Familie gehören.
Dann will ich mit derselben Liebe, die ich für mich und
meine Angehörigen empfinde, alle Fremden lieben. Schließlich will ich meine Liebe derart erweitern, daß ich jeden,
der mich nicht liebt, genauso liebe wie alle, die mich lieben. Ich will alle Seelen mit meiner selbstlosen Liebe über-
schütten. Meine Familie und meine Mitbürger, alle Nationen und alle Wesen sollen im Meer meiner Liebe schwim-
men. Die ganze Schöpfung, all die Myriaden winziger
Lebewesen sollen auf den Wellen meiner Liebe tanzen.

Ich trinke den lieblichen Duft Deiner Gegenwart und
warte auf den Wind, der die Botschaft Deiner Liebe allen
anderen zutragen soll.

Im Tempel der Liebe meiner irdischen Mutter will ich die
verkörperte Liebe der Göttlichen Mutter sehen.

Alle meine Sehnsucht nach Liebe, o Gott, will ich in der
heiligen Liebe zu Dir läutern und stillen.

25

Geliebter, unendlicher Gott – immer will ich Dich hinter den Mauern meiner unvergänglichen Liebe gefangenhalten.

Ob Du mein Bitten und Beten erhörst oder nicht – ich werde Dich immer lieben!

O Vater, lehre mich, meine Gebete durch Deine Liebe lebendig zu machen. Laß mich unmittelbar hinter meinen Worten Deine Nähe fühlen!

Ich weiß, daß Du Dich hinter der durchlässigen Wand meiner Liebe und Sehnsucht verbirgst und auf das Flüstern meiner Seele lauschst.

Ich will erkennen, daß es Gott selbst ist, der mir durch die Herzen aller anderen Seine göttliche Liebe schenkt.

Ich bin Dein Kind – ob gut oder böse. Ich gehöre Dir – als Heiliger und als Sünder.

Lehre mich, den nie versiegenden Nektar der Freude zu trinken, der dem Brunnen der Meditation entspringt.

Göttlicher Vater, lehre mich, Dich auf dem inneren Altar des Schweigens und dem äußeren Altar der Tätigkeit anzubeten.

Geliebter Gott, reinige mich von allen Schlacken. Verbanne alle Krankheit und Armut aus dieser Welt und alle Unwissenheit aus den Seelen der Menschen.

MEDITATIONEN ÜBER GOTT

MEDITIERE ÜBER GOTTES LICHT

Schau in ein Licht und schließe die Augen. Vergiß die Dunkelheit, die dich umgibt und beobachte das rötliche Licht hinter deinen Augenlidern. Schau unverwandt in dieses rötliche Violett hinein. Meditiere darüber und stelle dir vor, wie es größer und größer wird, bis du von einem matt schimmernden Meer violetten Lichtes umgeben bist. Du bist eine Welle des Lichts und des Friedens, die auf der Oberfläche des Meeres dahintreibt.

Nun beobachte aufmerksam, was weiter geschieht: Du – die kleine Welle – wirst auf dem Meer des Lichts umhergeworfen. Dein winziges Leben ist ein Teil des alldurchdringenden Lebens. Während sich deine Meditation vertieft, wirst du, die kleine flache Welle des Friedens, zum tiefen, unendlichen Friedensmeer.

Meditiere über den Gedanken: »Ich bin eine Welle des Friedens.« Fühle unmittelbar hinter deinem Bewußtsein unendliche Weite. Die Welle muß fühlen, daß sie vom unermeßlichen Ozean getragen wird.

GOTTES SCHÜTZENDE GEGENWART

Laß mich immer fühlen, daß Deine schützende Allgegenwart mich wie ein Strahlenkranz umgibt: in Geburt und Tod, in Freud und Leid, in Arbeit und Meditation, im Kampf mit der Unwissenheit und Versuchung und in der letzten Befreiung.

Lehre mich, das Tor der Meditation zu öffnen, das einzige Tor, das zu Deiner beglückenden Gegenwart führt.

Hinter der Welle meines Bewußtseins liegt das Meer des Kosmischen Bewußtseins. Unter der Welle meines Geistes liegt das Meer der Unendlichkeit, das mich trägt. Dein göttlicher Geist beschützt mich.

Das Licht Deiner Güte und schützenden Kraft fließt immer durch mich hindurch. Ich sah es nicht, weil ich das innere Auge der Weisheit geschlossen hielt. Nun hat die Hand Deines Friedens meine Augen geöffnet, und ich werde von Deiner Güte und Deinem unfehlbaren Schutz durchströmt.

ICH WILL DICH PREISEN

O Himmlischer Vater, ich will die Herrlichkeit und Schönheit Deines Paradieses preisen, das in unserem Inneren liegt. Laß mich immer im Garten seelischen Glücks und edler Gedanken leben und vom Duft Deiner Liebe erfüllt werden.

*

O Geist, mach meine Seele zu Deinem Tempel, mein Herz aber zu Deiner geliebten Wohnung, wo Du ungezwungen und im geheimen Einverständnis mit mir ein und aus gehst.

Willst Du Deine schweigsamen Lippen nicht öffnen und meiner Seele hilfreiche Gedanken zuflüstern?

Geliebter Herr, laß mich fühlen, daß Du die einzig handelnde Kraft bist und daß der höchste Gewinn all meiner Erfahrungen darin liegt, Dich als den Handelnden zu erkennen. In Dir will ich meinen einzigen Freund sehen, der mich durch meine irdischen Freunde ermutigt und unterstützt.

Himmlischer Vater, von heute an will ich mich bemühen, Dich zu erkennen. Ich will mir ernstlich vornehmen, Dich zu meinem Freunde zu machen. Ich will alle meine Pflichten im Bewußtsein erfüllen, daß ich Dir dadurch näherkomme und Dir Freude bereite.

Unser ganzes Leben ist ein Kampf um die Freude. Ich will hier, wo ich mich gerade befinde, den Kampf ausfechten und gewinnen.

Wenn Furcht, Zorn oder irgendein Leid auf mich zukommt, will ich den Zuschauer spielen und Abstand von meinen Erlebnissen nehmen. Ich will mir um jeden Preis meinen Frieden und mein Glück erhalten.

Geliebter Vater, ich weiß, daß Lob mich nicht besser und Tadel mich nicht schlechter macht. Ich bin, was ich bin – vor meinem Gewissen und vor Dir. Ich will ruhig meines Weges gehen, allen Menschen Gutes tun und mich immer bemühen, Dir Freude zu bereiten; nur so kann ich wahres Glück finden.

ERHELLE MEINE DUNKELHEIT

Kosmische Mutter, erhelle meine Dunkelheit! Wenn ich mit geschlossenen Augen dasitze und von meinen selbsterzeugten Schatten umgeben bin, laß das Morgenrot der Intuition* in mir aufleuchten, damit ich Dich in seinem Glanz schauen und anbeten kann.

Göttliche Mutter, zieh Deinen glitzernden Schleier, in den die Filmbilder des Kosmos gewebt sind, beiseite und laß mich Dein barmherziges Antlitz schauen, das alle Täuschung vertreibt.

O flammendes Licht, erwecke mein Herz, erwecke meine Seele, erhelle meine Dunkelheit, lüfte den Schleier des Schweigens und erfülle meinen Tempel mit Deiner Herrlichkeit.

Himmlischer Vater, befreie uns von der jahrhundertealten falschen Vorstellung, daß wir gebrechliche menschliche Wesen seien. Offenbare Dich als das Licht, das unsere Vernunft erleuchtet – als die lodernde Fackel der Weisheit.

---

* Wahrnehmung oder Erkenntnis, die unmittelbar und von selbst aus der Seele aufsteigt und nicht durch die trügerischen Sinne oder die Vernunft vermittelt wird

LEHRE MICH, DICH ANZUBETEN

Geliebter Vater, erkläre mir das Geheimnis meines Daseins! Lehre mich, Dich im Zustand der Atemruhe anzubeten, in dem der Tod überwunden ist. Laß meine Unwissenheit vom Feuer göttlicher Liebe verzehrt werden. Komm, Vater, in meine still gewordene Seele. Nimm ganz von mir Besitz und laß mich in mir und um mich herum Deine unsterbliche Gegenwart fühlen.

In der Stille meines Geistes sehne ich mich danach, Deine Stimme zu hören. Laß die irdischen Traumklänge, an denen mein Herz noch hängt, verstummen. Ich will Deine stille Stimme vernehmen, die im tiefen Schweigen meiner Seele erklingt.

Mein Herr und mein Gott! Da Du allgegenwärtig bist, bist Du auch in mir. Du bist allmächtig und allwissend; auch meine Seele besitzt diese Eigenschaften. Laß mich wenigstens einen Bruchteil dessen entfalten, was in meinem innersten Selbst verborgen liegt.

ICH WILL VOM QUELL DEINER FREUDE
TRINKEN

Aus dem goldenen Brunnen des Sonnenscheins trinke ich Deine Lebenskraft. Aus dem silbernen Quell mondheller Nächte trinke ich Deinen Frieden. Aus der mächtigen Schale des Windes trinke ich Deine Kraft. Aus all den kleinen Schalen meiner Gedanken trinke ich Deine Freude und Deine Seligkeit.

✻

In Deinem heiligen Licht will ich immer wach bleiben; in allen Jahrmillionen der Zukunft will ich meine Augen nicht von Deinem teuren, allgegenwärtigen Antlitz abwenden.

Ich suchte Gottes Liebe im Ödland menschlicher Zuneigung. Nach langem Umherirren in der Wüste unbeständiger, menschlicher Gefühle habe ich endlich die unerschöpfliche Oase göttlicher Liebe gefunden.

Vater, lehre mich, mein göttliches Erbteil zu fordern und im Bewußtsein meiner Unsterblichkeit zu leben.

O göttlicher Freund, auch wenn die Nacht meiner Unwissenheit so alt ist wie die Welt, laß mich nie vergessen, daß beim Aufdämmern Deines Lichts die Dunkelheit weichen wird, als wäre sie nie gewesen!

Was ist dieses Leben, das in meinen Adern pulsiert? Kann es anders als göttlich sein?

Himmlischer Vater, steige zu mir herab. Laß mich fühlen, daß Du in meinem Gehirn, in meiner Wirbelsäule und in meinen geheimsten Gedanken lebst. Vor Dir neige ich mich.

Vater, ich habe mich in der Öde falschen Glaubens verloren und finde nicht mehr nach Haus. Sei Du mein Polarstern, der am dunklen Horizont meines Geistes aufsteigt und meinen suchenden Gedanken den richtigen Weg weist. Du bist meine Heimat – führe mich zu Dir.

Lehre mich, o Christus, meinen Geist, der der Materie verfallen ist, zu erlösen. Dann will ich ihn Dir in Gebet und Versenkung, in Meditation und in all meinen Träumen schenken.

OFFENBARE DICH

Komm, Vater, und offenbare mir Dein unermeßliches Reich! Offenbare Dich mir! Lehre mein Herz beten! Laß meine Seele fühlen, daß alle Türen sich plötzlich auftun können, um Deine Gegenwart zu enthüllen.

O kosmisches Licht, jeden Tag sehe ich, wie Du den Himmel mit leuchtenden Farben bemalst. Ich beobachte, wie Du den kahlen Boden mit grünem Gras bekleidest. Du bist in den warmen Sonnenstrahlen. Du bist überall so deutlich wahrnehmbar! Ich neige mich vor Dir.

Lehre mich, Dein Antlitz im Spiegel meiner inneren Stille zu schauen.

Geliebter Gott, laß mich ein für allemal erkennen, daß Du immer mein eigen warst und ewig mein eigen bist! Meine Irrtümer gehören dem Traum der Vergangenheit an – sie liegen im Grab der Vergessenheit. Ich bin zu neuem Leben erwacht und sonne mich im Licht Deiner Gegenwart.

Das Meer göttlicher Fülle durchflutet mich. Ich bin Sein Kind. Wie durch ein Strombett fließen alle göttlichen, schöpferischen Kräfte durch mich hindurch. Segne mich, Vater, damit ich Dich zuerst und vor allem anderen suche, wie es sich für Dein Kind geziemt.

Geliebter Gott, laß die Blumen meiner Liebe im Garten meines Herzens aufblühen, während ich die Morgenröte Deines Kommens erwarte.

Lieber Vater, öffne alle Fenster des Glaubens, damit ich Dich im Palast des Friedens erblicken kann. Sprenge das Tor des Schweigens auf, damit ich in den Tempel Deiner Glückseligkeit eintreten kann.

Geliebter Gott, beschütze den himmlischen Tempel meines Geistes, damit keine bösen, streitsüchtigen Gedanken dort eindringen können.

Ich weiß, daß ich für mein eigenes Wohlergehen verantwortlich bin. Deshalb will ich alle nutzlosen Beschäftigungen und eitlen Wünsche aufgeben, um täglich für Gott Zeit zu finden.

Du bist Liebe, o Himmlischer Vater, und ich bin Dir zum Bilde geschaffen. Ich bin die kosmische Sphäre der Liebe, in der ich alle Planeten und Sterne, alle Lebewesen und die ganze Schöpfung als flimmernde Lichter schaue. Ich bin die Liebe, die das ganze Weltall erleuchtet.

O Quell aller Liebe, laß mich fühlen, daß mein Herz von Deiner allgegenwärtigen Liebe durchflutet wird!

Ich will Dich besitzen, o Gott, damit ich Dich allen anderen schenken kann.

Vater aller Herzen, laß mich ewig im Bewußtsein Deiner liebenden Gegenwart leben.

Göttlicher Vater, lehre mich, immer wieder in das Meer der Meditation zu tauchen und immer tiefer zu dringen, bis ich Deine unvergänglichen Perlen der Weisheit und göttlichen Freude finde.

Heute soll der Gott des Friedens, der auf dem Thron meiner stillen Gedanken sitzt, all mein Handeln regieren. Ich will alle meine Brüder durch das Tor meines Friedens in Gottes Tempel führen.

Ob die Welle meines irdischen Daseins groß oder klein ist, spielt keine Rolle – hinter mir liegt das eine Meer allen Lebens.

O Gott der unnennbaren Glückseligkeit! Aus Dankbarkeit für die göttliche Freude, die Du mir geschenkt hast, will ich versuchen, andere Menschen wahrhaft glücklich zu machen. Ich will allen durch meine innere Freude helfen.

Lehre mich, an Dich zu denken, bis Du mein einziger Gedanke bist.

O Vater, ganz gleich, welche Prüfungen mir bevorstehen, ich will sie freudig ertragen, indem ich Deine Nähe ständig im Herzen fühle. Dann werden mir alle traurigen und fröhlichen Ereignisse des Lebens nur wie ein Schauspiel erscheinen, das mich unterhalten und entzücken soll.

Vater, befreie mich von allen begrenzenden Vorstellungen, die ich mir von anderen Menschen oder von meinen eigenen feigen Gedanken habe einreden lassen. Laß mich erkennen, daß ich als Dein Kind auch Anteil an Deinem unendlichen Reich und all seinen Schätzen habe.

O Himmlisches Feuer, laß Dein Licht in mir und um mich herum und überall leuchten.

Ein echter Yogi fühlt sein Herz in allen Herzen schlagen, fühlt seine Gedanken in den Gedanken aller anderen und weiß sich eins mit allem, was lebt. Ich will mich bemühen, ein echter Yogi zu werden.

O Vater, zeige mir den Weg, der am schnellsten zu Dir führt. Laß mein Herz in Sehnsucht zu Dir entbrennen. Und laß mich, als Echo meiner Liebe, Deine Stimme hören.

In der Stille meiner Seele neige ich mich demutsvoll vor Dir, o allgegenwärtiger Gott, denn ich weiß, daß Du mich auf dem Weg der Selbstverwirklichung immer vorwärts und aufwärts führst.

O Herr, Deine Liebe, die durch alle menschlichen Herzen fließt, hat mich zum Quell vollkommener Liebe geführt – zu Dir!

Göttlicher Geist, ich will Dich suchen, bis ich Dich finde. Dann will ich dankbar alle Gaben entgegennehmen, die Du für mich bereithältst. Doch in alle Ewigkeit will ich Dich um nichts anderes bitten als um das höchste Geschenk: Dich Selbst!

Mit gefalteten Händen, gesenktem Haupt und ehrfürchtigem Herzen komme ich zu Dir.
Du bist mein Vater, ich bin Dein Kind. Du bist mein Meister; ich will dem schweigenden Gebot Deiner Stimme folgen.

Ich will denken, bis ich die letzte Antwort finde. Ich will die Kraft meines Denkens zu einem Scheinwerfer machen, dessen helles Licht mir das allgegenwärtige Antlitz Gottes enthüllt.

ERWEITERUNG DES BEWUSSTSEINS

STELLE DICH AUF DEN KOSMISCHEN LAUT EIN

Konzentriere dich auf den kosmischen Laut – das tiefe Summen zahlloser Atome, das auf der empfindsamen rechten Seite des Kopfes ertönt. Das ist die Stimme Gottes. Fühle, wie sich der Laut über das ganze Gehirn ausbreitet. Höre sein ununterbrochenes rhythmisches Rauschen.

Jetzt höre und fühle, wie er in die Wirbelsäule strömt und die Türen des Herzens aufsprengt. Fühle, wie er in jedem Gewebe, jedem Nervenstrang, jeder Empfindung widerhallt. Jedes Blutkörperchen und jeder Gedanke vibriert im rauschenden Meer dieser Schwingung.
Beobachte, wie sich der kosmische Laut weiter ausdehnt. Er braust durch Körper und Geist und dringt in die Erde und die sie umgebende Atmosphäre. Und du bewegst dich mit ihm in den luftlosen Äther und in die Millionen stofflicher Universen hinein.
Meditiere über die endlose Ausdehnung des kosmischen Lautes. Er hat die stofflichen Welten hinter sich gelassen und jene feinen, leuchtenden Strahlen erreicht, aus denen die ganze Materie aufgebaut ist.
Nun mischt sich der kosmische Laut unter Millionen vielfarbiger Strahlen. Er hat die Gefilde kosmischer Strahlung erreicht. Höre, schaue und fühle, wie dich kosmischer Laut und ewiges Licht umfangen. Jetzt dringt der kosmische Laut in den feurigen Kern kosmischer Energie, und beide verschmelzen im Meer kosmischen Bewußtseins und kosmischer Freude. Der Körper löst sich im Universum auf. Das Universum zerschmilzt in der lautlosen Stimme. Der Laut zerschmilzt im alles erleuchtenden Licht. Und das Licht geht in den Schoß der unendlichen Freude ein.

DAS MEER DES KOSMOS

Wenn du fühlst, daß deine Seele, dein Herz, jeder Flug deiner Gedanken, jedes Pünktchen am weiten blauen Himmel, die leuchtenden Sterne, die Berge, die Erde, die Lerchen und die Glockenblumen alle durch das eine Band des Rhythmus, der Freude und des Geistes miteinander verknüpft sind, dann wirst Du wissen, daß sie alle nichts als Wellen in Seinem Meer des Kosmos sind.

ICH WENDE MICH NACH INNEN

Ich war ein Gefangener, der eine schwere Last von Fleisch und Knochen trug. Doch durch die Kraft der Entspannung konnte ich die Ketten des Körpers, die mich an die Muskeln gebunden hielten, abstreifen. Nun bin ich frei und will versuchen, mich nach innen zu wenden.

Ihr verlockenden Landschaftsbilder, drängt euch nicht mehr vor mein Auge! Lenkt meine Aufmerksamkeit nicht ab!

Ihr bezaubernden Melodien, hört auf, meinen Geist zu betören, damit er nicht an weltlichen Liedern Gefallen finde.

Ihr verführerischen Sinnesempfindungen, lähmt meine heilige Intuition nicht durch eure verlockende Berührung. Laßt mich in der Meditation zum verschwiegenen Garten ewiger göttlicher Liebe eilen!

Betäubender Duft des Flieders, des Jasmins und der Rosen, haltet meinen Geist auf seinem Heimweg nicht auf!

Nun sind die Sirenen der Sinne verstummt. Die fleischlichen Bande haben sich gelockert. Die Sinne haben ihre Umklammerung gelöst. Ich atme aus und halte den stürmischen Atem an; und alle Gedankenbilder zerfließen.

Ich befinde mich auf dem Altar meines pochenden Herzens und beobachte den rauschenden Strom der Lebenskraft, der in wildem Tosen durch mein Herz in den Körper flutet. Nun wende ich mich rückwärts zur Wirbelsäule. Das Pochen und Rauschen des Herzens ist verstummt. Gleich einem heiligen, unterirdischen Strom fließt meine Lebenskraft durch die Schlucht der Wirbelsäule. Ich schreite durch das Tor des geistigen Auges auf einen matt erleuchteten Gang und immer weiter, bis der Strom meines Lebens endlich in das Meer allen Lebens einmündet und sich in Glückseligkeit verliert.

*

Im Himmel der inneren Stille ahnte ich Gottes Unermeßlichkeit. Im Brunnen meines Seins trank ich von Seiner Freude. In meinem wachen Gewissen hörte ich Seine Stimme.

Ich will voll bewußt das Licht des allgegenwärtigen Vaters in mich aufnehmen, das ständig durch mich hindurchfließt.

O Vater, öffne die Schleusen, hinter denen die kleinen Wellen meines Lebens gefangen liegen, damit ich in das Meer Deiner Unermeßlichkeit eingehen kann.

AUSDEHNUNG IN DIE EWIGKEIT

Unter mir und über mir, zur Rechten und zur Linken, vor mir und hinter mir, innen und außen tut sich der Abgrund der Ewigkeit auf.

Mit offenen Augen sehe ich mich als den kleinen Körper. Mit geschlossenen Augen sehe ich mich als das Zentrum des Kosmos, um das die Sphäre der Ewigkeit, die Sphäre der Glückseligkeit, die Sphäre des allgegenwärtigen, allwissenden, lebendigen Raumes kreist.

Ich fühle Gott als den sanften Hauch der Glückseligkeit, der meinen kosmischen Körper durchweht. Ich schaue Ihn im Glanz der Sonnen und Sterne und in den Wellen des kosmischen Bewußtseins.

Ich schaue Ihn als die Sonne der Inspiration, die die Sterne meiner Gedanken im rhythmischen Gleichgewicht hält.

Ich erlebe Ihn als eine heimliche Stimme, die lehrend und leitend im Tempel aller menschlichen Seelen und in der ganzen Schöpfung erklingt.

Er ist die Quelle der Weisheit, das Licht der Inspiration, das alle Seelen erleuchtet. Er ist der Duft, der aus der Weihrauchschale des Herzens aufsteigt. Er ist der himmlische Garten, in dem sich unsere Gedanken zu höchster Blüte entfalten. Er ist die Liebe, die all unsere Liebesträume erzeugt.

Ich fühle Ihn durch mein Herz und alle anderen Herzen, durch die Poren der Erde, den Himmel und alle erschaffenen Dinge fließen. Er ist die endlose Strömung der Freude. Er ist der Spiegel des Schweigens, in dem sich die ganze Schöpfung widerspiegelt.

*

Meine irdischen Erfahrungen sind nichts als ein Läuterungsprozeß, der mir helfen soll, die täuschende Vorstellung meiner Begrenztheit und Sterblichkeit zu überwinden. In Gott verwirklichen sich die »unmöglichsten« Träume. (»Ich will ihm geben den Morgenstern.« – *Offenbarung 2, 27)*

Ich bin in Dein ewiges Licht eingetaucht. Es durchdringt jeden Teil meines Seins. In diesem Licht lebe ich. O göttlicher Geist, in mir und um mich herum schaue ich nichts als nur Dich.

Ich will meine physischen Augen schließen und allen irdischen Versuchungen widerstehen. Ich will das Dunkel des Schweigens durchbrechen, bis sich hinter meinen Augen, die nur die relative Welt sehen, das eine innere Lichtauge öffnet. Wenn meine beiden Augen, die Gut und Böse unterscheiden, »einfältig« werden und überall nur die Güte Gottes schauen, werde ich erkennen, daß mein Körper, mein Geist und meine Seele von Seinem allgegenwärtigen Licht erfüllt sind.

Die Wirklichkeit meines Lebens kann nie vergehen, denn ich bin unzerstörbares Bewußtsein.

Alle Schleier der Unwissenheit, die meinen Alltag verdunkeln, verbrennen im Licht des Christusbewußtseins, in dem ich endlich erwacht bin. Ich fühle den Geist des Jesuskindes in der Wiege der Rosenblätter, in den webenden Lichtstrahlen und in der Liebe aller aufrichtigen Herzen.

Ich bin endlos, ich bin raumlos, ich bin unermüdlich. Ich bin jenseits des Körpers, der Gedanken und der Sprache – jenseits von Geist und Materie. Ich bin unendliche Glückseligkeit.

Das Meer des Geistes ist zur kleinen Welle meiner Seele geworden. Ob die Welle meines Lebens nach der Geburt auf der Meeresoberfläche schwimmt oder nach dem Tode wieder ins Meer des Kosmos zurücksinkt, sie kann nie vergehen. Ich bin unvergängliches Bewußtsein, das geborgen im Schoße des Geistes ruht.

Nicht länger mehr bin ich die kleine Bewußtseinswelle, die sich getrennt vom Meer des kosmischen Bewußtseins glaubt. Ich bin das Meer des GEISTES, das zur kleinen Welle menschlichen Lebens geworden ist.

Gleich einem schweigenden, unsichtbaren Strom, der unter dem Wüstensand dahinfließt, rinnt der unermeßliche Strom des GEISTES durch den Sand der Zeit, durch den Sand der Erlebnisse, durch den Sand aller Seelen, durch den Sand aller lebendigen Atome, durch den Sand allen Raumes.

O Vater, Du bist heilige, ewigwährende Freude, Du bist die Freude, nach der ich suche, Du bist die Freude der Seele. Lehre mich, Dich in der Freude der Meditation zu finden.

O HEILIGES OM

Lehre mich, Deiner Stimme zu lauschen, O Vater, der kosmischen Stimme, die alle Schwingung ins Leben rief. Offenbare Dich mir als OM, als das Lied des Kosmos, in dem alle Klänge verschmelzen.

O Heiliger Geist, heilige Schwingung des OM, erweitere mein Bewußtsein, wenn ich Deinem allgegenwärtigen Klang lausche. Laß mich fühlen, daß ich sowohl das kosmische Meer als auch die kleine Welle des Körpers bin, die auf ihm treibt.

O allgegenwärtiger, kosmischer Laut des OM, halle in meinem Bewußtsein wider und erweitere es, damit es sich über den Körper erhebt und das ganze Weltall umfaßt. Laß mich Deine alldurchdringende, unerschöpfliche Seligkeit fühlen.

Unendliche Energie, unendliche Weisheit! Erfülle mich mit Deiner göttlichen Schwingung!

O kosmischer Laut des OM, führe mich und begleite mich; leite mich aus dem Dunkel ins Licht.

ICH FLIEGE HEIM

Leb wohl, du blaues Himmelszelt. Lebt wohl, ihr Sterne, ihr himmlischen Darsteller und eure Dramen auf der Leinwand des weiten Raumes. Lebt wohl, ihr lieblichen Blumen mit eurem verlockenden Duft. Ihr könnt mich nicht länger halten, denn ich fliege heim.

Lebt wohl, ihr warmen, liebkosenden Sonnenstrahlen. Leb wohl, du sanfter und tröstender Wind. Lebt wohl, ihr schmeichelnden Melodien.

Lange genug habe ich euch genossen, mit meinen bunt kostümierten Gedanken gespielt und den Wein meiner Gefühle und meines weltlichen Willens getrunken. Doch nun bin ich aus dem Rausch der Täuschung erwacht.

Lebt wohl, ihr Muskeln, Knochen und Regungen des Körpers. Mein Atem, leb wohl! Ich stoße dich aus meiner Brust. Leb wohl, Herzschlag, lebt wohl, Gefühle, Gedanken und Erinnerungen. Ich fliege im Flugzeug des Schweigens heim, um mein Herz in Ihm schlagen zu fühlen.

Ich schwebe im Flugzeug meines Bewußtseins nach oben und unten, nach rechts und nach links, nach innen und außen und erkenne, daß ich in jedem Winkel meines kosmischen Heims immer in der heiligen Gegenwart meines Vaters gewesen bin.

ICH BIN AN JEDEM ORT

Ich sehe durch die Augen aller. Ich arbeite durch die Hände aller, ich bewege mich durch die Füße aller. Und die Körper aller Rassen, der braun-, weiß-, gelb-, rot- und schwarzhäutigen, sind meine Körper.

Ich denke durch die Gedanken aller, ich träume durch die Träume aller, fühle die Empfindungen aller. Und alle Blumen der Freude, die in zahllosen Herzen blühen, gehören mir.

Ich bin das ewige Lachen. Mein Lächeln spielt auf allen Gesichtern. Ich bin die Welle der Begeisterung in allen gotterfüllten Herzen.

Ich bin der Wind der Weisheit, der die Seufzer und Tränen der ganzen Menschheit trocknet. Ich bin die stille Freude am Leben, die alle Wesen durchpulst.

Himmlischer Vater, lehre mich, in Dir meine Freiheit zu finden und zu erkennen, daß nichts auf Erden mein eigen ist, daß alles Dir gehört. Laß mich erkennen, daß Deine Allgegenwart meine Heimat ist.

O Kosmisches Schweigen, ich höre Deine Stimme im Murmeln der Bächlein, im Lied der Nachtigall, im Klang der Muschelhörner, im Rauschen des Meeres und im Summen aller Schwingungen.

Geliebter Gott, ich will Dich nicht mehr mit Worten anbeten, sondern mit der flammenden Liebe meines Herzens.

Lehre mich, hinter allen Dingen Deine Unermeßlichkeit, Deine Unwandelbarkeit zu schauen, damit ich mich selbst als einen Teil Deines unveränderlichen Wesens erkenne.

O unendliches Meer, laß die Flüsse all meiner Wünsche, die sich mühsam durch unwegsame Wüsten schlängeln, schließlich mit Dir verschmelzen.

Ich will den ganzen weiten Raum entzünden und mich in seinen lodernden Schoß werfen, ohne zu verbrennen – denn ich bin unsterblich! Ich will in die Unendlichkeit tauchen, ohne je das Ende zu erreichen. Ich will laufen und fliegen und alle Dinge, alles, was sich bewegt, und die bewegungslose Leere mit meinem Lachen erfüllen.

Erwecke mich, o Himmlischer Vater, damit ich mich aus dem engen Grab des Fleisches zum Bewußtsein meines kosmischen Körpers erhebe.

O ewig Liebender! Vereinige meine Liebe mit Deiner Liebe, mein Leben mit Deiner Freude und meinen Geist mit Deinem kosmischen Bewußtsein.

Laß mich nichts als Schönheit, nichts als Güte, nichts als Wahrheit, nichts als Deinen unsterblichen Brunnen der Glückseligkeit schauen.

O Göttliche Mutter, überall im weiten Raum der Schöpfung erklingen Deine rhythmischen Schritte. Ich höre sie im wilden Tanz des Donners und im sanften Reigen der Atome.

ERKLÄRUNG DER BEGRIFFE »OM«
UND »CHRISTUSBEWUSSTSEIN«

*In seiner »Autobiographie eines Yogi« schreibt Parama-
hansa Yogananda:*

*»›Aber der Tröster, der heilige Geist, welchen mein Vater
senden wird in meinem Namen, der wird euch alles lehren und euch erinnern alles des, das ich euch gesagt habe‹
(Joh. 14, 26). Diese Bibelworte beziehen sich auf das drei-
fache Wesen Gottes als Vater, Sohn und Heiliger Geist
(Sat, Tat, OM in den Hinduschriften).*

*Gottvater ist das Absolute, Unmanifestierte, das jenseits
der vibrierenden Schöpfung existiert. Gott, der Sohn, ist
das Christusbewußtsein (Brahma oder Kutastha Tschaitanya), das innerhalb der vibrierenden Schöpfung besteht; dieses Christusbewußtsein ist die ›eingeborene‹ oder
einzige Widerspiegelung des Unerschaffenen Unendlichen.*

*Die äußere Offenbarung des allgegenwärtigen Chri-
stusbewußtseins wird ›Zeuge‹ (Offenb. 3, 14), OM, Wort
oder Heiliger Geist genannt; dieser ist die unsichtbare
göttliche Macht, der einzig Handelnde, die einzige Schöp-
ferkraft, die das ganze Universum durch Schwingungen
aufrechterhält. OM, der segensreiche Tröster, kann in der
Meditation gehört werden; er enthüllt dem Gottsucher
die letzte Wahrheit und ›wird euch erinnern alles des, das
ich euch gesagt habe.‹«*

AUF DER SUCHE NACH GOTT

WELLEN DES FRIEDENS VERBREITEND

Wende deinen Geist nach innen, auf die Stelle zwischen den Augenbrauen – und richte ihn auf den uferlosen See des Friedens. Beobachte, wie der leise wogende Friede einen ewigen Kreis um dich bildet. Je intensiver du beobachtest, um so deutlicher wirst du fühlen, wie die kleinen Wellen des Friedens immer weitere Kreise ziehen – von den Augenbrauen zur Stirn, von der Stirn zum Herzen und von dort zu jeder Zelle deines Körpers. Jetzt treten die Wasser des Friedens über die Ufer deines Körpers und überfluten das weite Gebiet deines Geistes. Und nun überschwemmt die Friedensflut die Grenzen deines Geistes und bewegt sich in unendlichen Kreisen fort.

O Herr, mit dem Schwert des Friedens will ich mich auf dem Kampfplatz der Versuchungen behaupten.

Ich bin ein Friedefürst, der auf der Traumbühne der Erfahrungen seine tragischen und komischen Rollen spielt.

Friede durchweht mein Herz wie ein sanfter Hauch.
Friede erfüllt mich wie ein lieblicher Duft.
Friede durchdringt mich gleich Strahlen.
Friede erstickt die Geräusche und Sorgen.
Friede verbrennt meine Unruhe.
Friede dehnt sich wie ein Flammenmeer aus und erfüllt
meine Allgegenwart.
Friede rauscht wie ein mächtiges Meer durch den weiten
Raum.
Friede pulsiert wie rotes Blut durch die Adern meiner
Gedanken.
Friede umgibt wie ein Strahlenkranz den Körper meiner
Unendlichkeit.
Friedensflammen dringen durch all meine Poren – durch
den unendlichen Raum.
Der Duft des Friedens weht über blühende Gärten.
Der Wein des Friedens rinnt durch die Weinkelter aller
Herzen.
Friede ist der Atem der Steine, der Sterne – der Weisen.
Friede ist der Nektar des GEISTES, der aus dem Fasse des
Schweigens fließt,
Und den ich verlangend mit den Mündern zahlloser
Atome trinke.

MEDITATION ÜBER DAS SCHWEIGEN

Mein Schweigen dehnt sich wie eine stets wachsende Sphäre nach allen Richtungen aus.

Mein Schweigen verbreitet sich wie ein Rundfunklied und dringt nach oben und unten, nach rechts und nach links, nach innen und außen.

Mein Schweigen verbreitet sich wie ein loderndes Feuer der Glückseligkeit. Das dunkle Gestrüpp der Sorgen und die hohen Eichen des Stolzes gehen in Flammen auf.

Mein Schweigen dringt gleich dem Äther durch alle Dinge und trägt den Gesang der Erde, der Atome und Sterne in Seine unendliche Wohnstatt.

✳

Ich will mich nicht mit dem Opium der Ruhelosigkeit betäuben. Hinter meinem Herzschlag will ich den Frieden Gottes fühlen.

Ich will mein Herz mit dem Frieden der Meditation erfüllen. Dann will ich Schalen der Freude ausgießen und alle nach Frieden dürstenden Seelen tränken.

Alle erfolgreichen Seelen wie Jesus, Babaji, Lahiri Mahasaya, Sri Yukteswar, Swami Schankara und andere Meister sind Offenbarungen Gottes, des einen Vaters. Der Gedanke, daß meine ersehnte Vereinigung mit Gott ein Ziel ist, das alle großen Meister bereits erreicht haben, macht mich glücklich.

Heute will ich tiefer meditieren als gestern, und morgen tiefer als heute. Ich will so viel wie möglich während meiner Freizeit meditieren.

O Herr, heute will ich den Empfänger meiner Seele mit den Fingern der Intuition richtig einstellen und alle Störungen der Ruhelosigkeit beseitigen, damit ich die Stimme Deiner kosmischen Schwingung, die Musik der Atome und die Melodie der Liebe vernehme, die in meinem Überbewußtsein erklingen.

Heute, o Vater, will ich Dich als ständig wachsende Glückseligkeit in der Meditation suchen. Ich will Dich in der grenzenlosen Freude fühlen, die in meinem Herzen schwingt. Wenn ich Dich gefunden habe, so finde ich in Dir auch alles andere, wonach mein Herz sich sehnt.

Lehre mich, Deine Gegenwart im Tempel meines inneren Friedens zu finden – und in der Freude, die aus dem tiefen Brunnen der Meditation fließt.

Segne mich, damit ich Dich im Tempel jeden Gedankens und jeder Handlung finde. Wenn ich Dich in mir selber finde, so finde ich Dich auch überall, in allen Menschen und allen Lebenslagen.

Laß mich fühlen, daß es Dein Lächeln ist, das sich mir in der Morgenröte, auf den Lippen der Rosenblätter und im Antlitz edler Menschen offenbart.

GOTTES STRAHLENDE GEGENWART

Ich will meine Gebete nicht mehr herunterleiern, sondern aus tiefstem Herzen beten, bis Deine strahlende Gegenwart das Dunkel der Meditation erhellt.

Himmlischer Vater, ich kann nicht mehr bis morgen auf Dein Lied warten. Schon heute will ich meine Rufe mit solcher Liebe und Aufmerksamkeit in den Äther senden, daß Du mir durch das Empfangsgerät meines Schweigens antworten mußt.

O GEIST, ewig bestehende, ewig bewußte, ewig neue Glückseligkeit! Nimm die Last der Gleichgültigkeit und Vergeßlichkeit von mir. Laß mich den Nektar Deiner ewig beglückenden Gegenwart trinken.

Je stiller ich innerlich und äußerlich werde, um so tiefer erfüllt mich Dein Friede. Ich will mich immer bemühen, leise einherzugehen und auf Deine Schritte zu lauschen.

Wenn ich Dich in tiefer Meditation als tiefe Freude erlebe, dann weiß ich, daß mir auch alles andere – Wohlstand, Gesundheit und Weisheit – zuteil wird.

Lehre mich, in den tiefsten Wassern meiner Seele mein Netz nach Dir auszuwerfen.

FINDE GOTT IN DER FREUDE

Jedesmal, wenn ein kleines Freudenbläschen aus dem unsichtbaren Meer deines Bewußtseins auftaucht – ganz gleich, was es verursacht hat –, halte an ihm fest und versuche es zu vergrößern. Meditiere darüber, damit es wächst. Achte nicht auf die Grenzen, die deinem kleinen Freudenbläschen gesetzt sind, sondern erweitere es, bis es immer größer wird. Blase es von innen mit dem Atem der Konzentration auf, bis es sich über das unendliche Meer deines Bewußtseins ausbreitet. Blähe das Freudenbläschen immer mehr auf, bis es seine begrenzende Hülle durchbricht und zum Meer aller Freude wird.

Im Klang der Viola, der Flöte und der brausenden Orgel höre ich Gottes Stimme.

Die Freude, nach der mein Ich sucht, liegt in meiner eigenen Seele. Plötzlich gewahre ich Seine Glückseligkeit, die in den Honigwaben des Schweigens verborgen liegt. Ich will den Bienenkorb des Schweigens aufbrechen und mich am Honig endloser Seligkeit laben.

MEIN GELIEBTER RUFT NACH MIR

Durch die Blumen und den strahlenden Himmel, durch das göttliche Manna der Freude in allen glücklichen Herzen, durch weise Seelen, durch das Lied der Vögel und die himmlischen Melodien menschlicher Liebe ruft mein Geliebter mich zurück, damit ich meine Schritte heimwärts – in das Haus Seines Friedens – lenke.

*

Ich will das Reich Gottes in der inneren Freude suchen, die das Ergebnis regelmäßiger, langer und tiefer Meditation ist. Ich will ernsthaft danach streben, Gott in mir selber zu finden und mich nicht mit kurzen, ruhelosen Schweigezeiten begnügen, die mir nur scheinbare Eingebungen bringen. Ich will immer tiefer meditieren, bis ich Seine Nähe fühle.

Sobald ich Gott erkannt habe, wird Er mich als Sein Kind zurückfordern. Und dann werde ich, ohne Ihn darum bitten zu müssen, auch Wohlstand, Gesundheit und Weisheit von Ihm empfangen.

Du bist der Duft, der aus allen Rosen und allen Herzen aufsteigt. Laß mich nicht danach fragen, wieviele Tage brennenden Leides mir noch bevorstehen, in denen ich geprüft und versucht werde. Mögen sie mich, mit Deinem Segen, an alle meine Fehler und Irrtümer erinnern, die mich von Dir ferngehalten haben.

O allbeschützender Gott! Ich frage nicht danach, ob mir alle anderen Dinge durch mein selbstverdientes Schicksal entrissen werden, aber Dich, o mein Eigen, flehe ich an, daß Du die Kerze meiner Liebe zu Dir nie erlöschen läßt!

O herrlicher, allgegenwärtiger Gott! Laß den Sturmwind des Vergessens und der Weltlichkeit das helle Feuer meiner Erinnerung an Dich nicht ausblasen.

In tiefer Meditation will ich den Sturm des Atems, der inneren Unruhe und der Sinneszerstreuungen, der den See meines Geistes aufwühlt, zum Schweigen bringen. Durch Gebet und Meditation will ich mein Wollen und Handeln auf das richtige Ziel lenken.

MEIN ALLGEGENWÄRTIGER THRON

Ich bin vom Thron der allgegenwärtigen Liebe, der sich im Weltraum und in den Myriaden flimmernder Sterne befindet, herabgestiegen und habe mir einen traulichen Platz in den Herzen der Menschen gesucht. Lange habe ich dort verweilt – ausgeschlossen aus meinem Heim der Unendlichkeit.

Ich war allgegenwärtig; dann aber versteckte ich mich in den winzigen Formen. Nun trete ich aus meinen Verstecken hervor und öffne die menschlichen Gittertüren, die mich in Familie, Kaste, Rasse und Konfession gefangen hielten. Ich eile überall hin, um meine Allgegenwart wieder zu fühlen.

*

In tiefer Meditation wird alles durchsichtig, so daß das Licht des allgegenwärtigen Vaters durch mich hindurchfließen kann.

Sobald ich aufgeregt bin oder meine Gedanken ruhelos werden, will ich mich still zurückziehen und meditieren, bis ich meine innere Ruhe wiedergewonnen habe. Ich will jeden Tag mit Konzentrationsübungen beginnen und über das höchste Wesen meditieren.

Glaube, Liebe und Meditation sind die Hirten, denen ich folgen will. Sie werden mich, vom Stern der Weisheit geleitet, zu Christus führen.

Ich will den »eingeborenen Sohn«, die einzige Widerspiegelung des transzendenten Gottvaters schauen, der als Christusgeist in den vibrierenden Schoß der Materie einging und die ganze Schöpfung einem sinnvollen göttlichen Ziel zuführt.

Ich will die Ketten der Ruhelosigkeit abwerfen und die Kraft meiner Meditation ins Grenzenlose erweitern, bis sich das allumfassende Christusbewußtsein in seiner ganzen Fülle durch mich offenbaren kann.

Segne mich, Vater, damit mir das einfältige Auge der Verwirklichung durch alle Schleier der Materie hindurch die unendliche Gegenwart Christi enthüllt.

ICH WILL MEDITIEREN

Geliebter Gott, da ich meinen weltlichen Verpflichtungen nicht nachkommen kann, ohne von Dir die nötige Kraft zu empfangen, will ich allem entsagen, was mich von meiner täglichen Verpflichtung abhält, über Dich zu meditieren.

Heute will ich meditieren, ganz gleich, wie müde ich mich fühle. Ich will mich während der Meditation nicht von Geräuschen ablenken lassen, sondern mein Bewußtsein nach innen lenken.

Durch das Tor der Meditation will ich in den göttlichen Tempel ewigen Friedens treten. Dort will ich Ihn auf dem Altar ewig neuer Zufriedenheit anbeten und ein helles Feuer der Freude anzünden, das das Innere Seines Tempels erleuchten soll.

Ich will regelmäßig meditieren, damit mir das Licht des Glaubens den Weg zum unendlichen Reich meines Himmlischen Vaters weist.

Göttliche Mutter, ich will den sternbesäten Schleier des Himmels lüften, ich will die Hülle des Raumes durchstoßen, ich will den Zauberkreis der Gedanken auflösen und die unterhaltsamen Filme des Lebens abschalten, damit ich Dich erblicken kann.

Ich weiß, daß Gott durch Meditation und intuitive Wahrnehmung erfaßt werden kann, nicht aber durch den ruhelosen Geist.

Ich will mein Herz der Freude der Meditation öffnen. Dann wird alle Dunkelheit von mir weichen.

Ich will im heiligen Teich göttlicher Liebe baden, der geschützt hinter dem Burgwall meiner Meditation liegt.

Ich will meine innere Welt durch Meditation so vollkommen machen, daß keine widrigen Umstände sie anfechten können.

Ich will jeden Tag mit einer Meditation über das höchste Wesen beginnen.

Im Tempel des Schweigens finde ich den Altar Deines Friedens. Und auf dem Altar des Friedens finde ich Deine ewig neue Freude.

Laß mich, o Gott, in der tiefen Höhle der Meditation Deine Stimme vernehmen. In meinem eigenen Innern will ich die unversiegbare Quelle himmlischer Freude finden. Dann wird Frieden in mein Herz einkehren – ganz gleich, ob ich in der Stille oder im Getriebe des Alltags bin.

Jeder Stern am Himmel, jeder reine Gedanke und jede gute Handlung soll zu einem Fenster werden, durch das ich Dich erblicke.

Führe dein Bewußtsein mit tiefer Konzentration und Hingabe durch das geistige Auge in die Unendlichkeit. Befreie Deine Seele aus der Knechtschaft des Körpers und laß sie in das unermeßliche Meer des GEISTES eingehen.

68

MATERIELLE ANLIEGEN

VERLIERE NIE DIE HOFFNUNG!

Wenn du die Hoffnung aufgegeben hast, je wieder glücklich zu werden, so fasse neuen Mut! Verliere nie die Hoffnung! Denn deine Seele – eine Widerspiegelung des ewig freudigen GEISTES *– ist ihrem innersten Wesen nach das Glück selbst.*

Wenn du das innere Auge der Konzentration geschlossen hältst, kannst du die Sonne des Glücks, die in deinem Herzen leuchtet, nicht sehen. Aber wie sehr du auch dieses innere Auge zuhältst, die Strahlen des Glücks versuchen immer wieder, durch die verschlossenen Türen deines Geistes zu dringen. Öffne das Fenster der Stille; dann wirst du plötzlich in deinem Inneren eine helle Freudensonne aufstrahlen sehen.

Um die freudigen Strahlen deiner Seele wahrnehmen zu können, mußt du die Aufmerksamkeit nach innen lenken. Schule deinen Geist, sich in die wunderbare Welt des Inneren zu versenken, die zwar unsichtbar, aber um so fühlbarer ist. Suche dein Glück nicht nur in schönen Kleidern, gepflegten Wohnungen, schmackhaften Mahlzeiten, weichem Lager und Luxusdingen, denn diese halten dein Glück in bloßen Äußerlichkeiten gefangen. Statt dessen schwebe im Segelflugzeug deiner inneren Schau über das grenzenlose Königreich der Gedanken. Schau dort die hochragende Gebirgskette geistigen Strebens, in der du und andere zum Gipfel der Vollkommenheit steigen.

Gleite über die tiefen Täler allumfassenden Mitgefühls. Fliege über die sprudelnden Brunnen der Begeisterung und die Kaskaden ewiger Weisheit, die sich auf die ehrwürdigen Felsen deines seelischen Friedens ergießen. Schwebe über den endlosen Strom intuitiver Wahrnehmung, der dich ins Reich Seiner Allgegenwart führt.

Dort, an der Stätte der Glückseligkeit, trinke vom flüsternden Brunnen der Weisheit und lösche den Durst deiner Sehnsucht. Speise mit Ihm im Festsaal der Ewigkeit und genieße die Früchte göttlicher Liebe. Wenn du fest entschlossen bist, das Glück in dir selber zu finden, so wirst du es früher oder später auch finden. Suche es von nun an täglich, indem du immer tiefer und beharrlicher meditierst. Gib dir alle Mühe, nach innen zu tauchen. Denn nur dort wirst du das langersehnte Glück finden.

Einsame
Menschen
frieren nicht,
weil ihnen kalt ist,
sie frieren, weil sie
keiner liebt

Adalbert Ludwig Balling

Grafik: P. Alexander Ultsch CMM

DAS LICHT DES LÄCHELNS

(Meditiere täglich hierüber, denke oft darüber nach und mache im täglichen Leben Gebrauch davon.)

Ich will das Zündhölzchen des Lächelns anbrennen und das Dunkel meiner Schwermut vertreiben. Dann schaue ich meine Seele, die jahrhundertelang in Finsternis gehüllt war, im Licht meines Lächelns. Und wenn ich mich selbst entdeckt habe, will ich mit der Fackel meines Lächelns durch alle Herzen laufen. Zuerst wird mein Herz lächeln, dann meine Augen und mein Gesicht; und schließlich wird das Licht meines Lächelns jeden Teil meines Körpers erleuchten.

Ich will in das Dickicht trauriger Herzen dringen und alle Sorgen in einem Freudenfeuer verbrennen. Ich bin das unwiderstehliche Feuer des Lächelns. Ich fache es mit dem Wind göttlicher Freude an und bringe Licht ins Dunkel aller Seelen. Mein Lächeln soll Sein Lächeln offenbaren, und jeder, der mir begegnet, soll einen Hauch dieser göttlichen Freude erhaschen. Ich will die duftende, reinigende Fackel des Lächelns in alle Herzen tragen.

*

Ich will den Weinenden zum Lächeln verhelfen, indem ich auch dann lächle, wenn es mir schwerfällt.

In allen fröhlichen Herzen höre ich das Echo Deiner Glückseligkeit. In der Freundschaft aller aufrichtigen Herzen entdecke ich Deine Freundschaft. Ich freue mich

am Reichtum meiner Brüder genauso wie an meinem eigenen. Indem ich anderen zu größerer Einsicht verhelfe, ver-
tiefe ich meine eigene Weisheit. Im Glück aller anderen
finde ich mein eigenes Glück.

Nichts kann mein Lächeln verdunkeln. Weder Tod noch
Krankheit noch Fehlschlag können mich schrecken. Kein
Unglück kann mich wirklich berühren, denn ich besitze
die unbesiegbare, unwandelbare, ewig neue Glückseligkeit
Gottes.

O stilles, göttliches Lachen, leuchte Du auf meinem Antlitz und lächle durch meine Seele.

Ich will zu einem Glücksmillionär werden und nach Deinen Münzen ewig neuer Seligkeit trachten. Mit ihnen
kann ich alle leiblichen und seelischen Bedürfnisse befriedigen.

GÖTTLICHE FREUDE VERBREITEND

Vom frühen Morgen an will ich täglich meine Freude auf alle ausstrahlen, die mir begegnen. Ich will der geistige Sonnenschein für alle sein, die meinen Weg kreuzen. In den Herzen der Freudlosen will ich Kerzen des Lächelns anzünden. Das strahlende Licht meines Frohsinns soll alle Dunkelheit vertreiben.

Meine Liebe soll alle Herzen und die Menschen aller Rassen froh machen. Meine Liebe soll im Herzen der Blumen und Tiere und in den kleinsten Sternenstäubchen wohnen.

Ich will mich bemühen, in allen Lebenslagen glücklich zu sein. Ich will mir vornehmen, in diesem Augenblick, ganz gleich, wo ich mich befinden mag, innerlich froh zu sein.

Laß meine Seele durch mein Herz lächeln, und laß mein Herz durch meine Augen lächeln, damit ich den Reichtum Deines Lächelns in alle traurigen Herzen streuen kann.

Mein ganzes Leben lang will ich das vollkommene, gesunde, allwissende, beseligende Ebenbild Gottes vor Augen haben.

GOTTES HEILENDES LICHT

Dein göttliches Licht durchdringt jeden Teil meines Körpers. Wo immer dieses heilende Licht erstrahlt, ist Vollkommenheit. Ich bin gesund, denn ich besitze Deine Vollkommenheit.

Dein heilendes Licht leuchtete seit je in mir und umgab mich allezeit. Ich aber hielt die Augen meiner inneren Wahrnehmung geschlossen, so daß ich Dein verwandelndes Licht nicht sehen konnte.

Ich will den Blick meines Glaubens durch das Fenster des geistigen Auges lenken und meinen Körper im heilenden Licht des Christusbewußtseins taufen.

Himmlischer Vater, lehre mich, immer an Dich zu denken – ob ich reich oder arm, gesund oder krank, wissend oder unwissend bin. Lehre mich, meine Augen, die der Unglaube geschlossen hält, zu öffnen und Dein unmittelbar heilendes Licht zu schauen.

FÜR GESUNDHEIT UND LEBENSKRAFT

Heute will ich Gottes Vitalität in der Sonne fühlen und meinen Körper in ihrem Licht baden. Ich will dankbar für das lebenspendende, krankheitszerstörende Gottesgeschenk sein, das ich durch ihre ultravioletten Strahlen empfange.

Himmlischer Vater, meine Körperzellen bestehen aus Licht; die Zellen meines Fleisches sind von Dir erschaffen. Sie sind GEIST, denn Du bist GEIST; sie sind unsterblich, denn Du bist das Leben.

Das Licht Deiner Gesundheit und Vollkommenheit durchleuchtet die dunklen Schlupfwinkel, in denen meine Krankheit nistet. In all meinen Körperzellen scheint Dein heilendes Licht. Sie sind heil und gesund, denn sie sind vollkommen wie Du.

Ich erkenne, daß ich meine Krankheit selbst verursacht und gegen die Gesetze der Gesundheit verstoßen habe. Ich will den Schaden durch richtige Ernährung, körperliche Bewegung und richtiges Denken wiedergutmachen.

Im festen Glauben an meinen Vater sehe ich die Schatten der Krankheit auf immer entschwinden. Ich erkenne voll und ganz, daß Sein Licht allgegenwärtig ist und daß meine selbsterzeugte Dunkelheit mich nur dann überwältigen kann, wenn ich die Augen meiner Weisheit willentlich schließe.

Hilf mir, Vater, damit ich aus eigenem Antrieb lerne, mich einfach und natürlich zu ernähren. Laß mich nie zu einem Opfer der Gier werden und mir dadurch Schaden zufügen.

Himmlischer Vater, erfülle meinen Körper mit Deiner Lebenskraft, mein Bewußtsein mit Deiner Geisteskraft und meine Seele mit Deiner Freude und Deiner Unsterblichkeit.

Himmlischer Vater, laß Deine unsichtbaren Strahlen durch meine Adern fließen, damit sie mich stark machen und alle Müdigkeit vertreiben.

Hinter meinen Augen liegt das eine allsehende Auge. Sie sind kräftig, denn Du siehst mit ihnen.

ICH BIN NICHT DER KÖRPER

Geliebter Gott, ich weiß, daß ich weder der Körper noch das Blut noch die Energie noch die Gedanken noch das Gemüt noch das Ich noch der Astralleib bin. Ich bin die unsterbliche Seele, die sie alle erleuchtet und in allen veränderlichen Formen unwandelbar bleibt.

Ewige Jugend des Körpers und Geistes, bleibe immer und ewig, immer und ewig in mir!

Immer mehr will ich meine Energie aus dem unbegrenzten, inneren Reservoir des kosmischen Bewußtseins schöpfen und immer weniger aus den äußeren Energiequellen des Körpers.

O Vater, Deine unbegrenzte, allheilende Kraft ist in mir. Möge Dein Licht die Nacht meiner Unwissenheit erleuchten!

O GEIST, lehre mich, den Körper durch Deine kosmische Energie und den Geist durch Konzentration und Frohsinn zu heilen.

GEDANKENSENDUNGEN AN ANDERE

Hefte den Blick deiner unruhigen Augen auf die Stelle zwischen den Augenbrauen. Tauche tief in den heiligen Stern der Meditation*. Sende denen, die dir in diesem Leben nahestehen, und denen, die bereits in ihren Lichtkörpern vorausgegangen sind, fortwährend Gedanken der Liebe.

Auch wenn wir körperlich weit voneinander entfernt sind, gibt es für Geist und Seele keinen trennenden Raum. In Gedanken sind wir unseren Lieben immer nahe.

Sende oft folgenden Gedanken aus: »Ich freue mich am Glück all meiner Lieben, die sich hier auf Erden und in der jenseitigen Welt befinden.«

Ich will zuerst nach dem Reich Gottes trachten und die Gewißheit haben, daß ich in Wirklichkeit eins mit Ihm bin. Wenn es dann Sein Wille ist, werden mir auch alle anderen Dinge wie Weisheit, Wohlstand und Gesundheit

---

* Während tiefer Meditation wird das geistige Auge (das in verschiedenen heiligen Schriften auch als drittes Auge, Stern aus dem Morgenland usw. bezeichnet wird) in der Mitte der Stirn sichtbar. Der Wille, der von dieser Stelle ausgesandt wird, ist die *Sendestation* der Gedanken. Das still im Herzen konzentrierte Gefühl dagegen macht den Menschen zu einem geistigen Radio, das die Botschaften anderer Personen von nah und fern *empfangen* kann. — (*Autobiographie eines Yogi*)

als mein göttliches Erbteil zufallen, denn Er hat mich nach Seinem Bilde geschaffen.

Vater, ich bin wie der verlorene Sohn aus dem Haus Deiner Allmacht fortgelaufen. Nun aber kehre ich in Dein Haus der Selbstverwirklichung zurück. Ich verlange nach allen guten Dingen, die Du besitzt, denn sie gehören auch mir. Ich bin Dein Kind.

Ich bin ein Ebenbild des höchsten GEISTES. Mein Vater ist im Besitz aller Dinge. Ich und mein Vater sind eins. Wenn ich den Vater habe, so habe ich alles, denn alles, was Sein ist, ist auch mein.

Himmlischer Vater, ich habe erkannt, daß mir alles Streben nach weltlichen Zielen, auch wenn es von höchstem Erfolg gekrönt ist, nur flüchtige Freuden bieten kann. Wenn ich aber eins mit Dir werde, zapfe ich das Reservoir unendlicher Glückseligkeit an.

FREUNDSCHAFT UND HILFSBEREITSCHAFT

Ich will als ein unerkannter Freund in empfänglichen Herzen wohnen und unentwegt heilige Gefühle in ihnen erwecken. Schweigend will ich sie durch ihre eigenen edlen Gedanken aus ihrem irdischen Schlummer rütteln. Im unsichtbaren Hain der Stille, der vom Licht der Weisheit durchflutet wird, will ich mit allen ihren Freuden tanzen.

Ich will jeden, der sich für meinen Feind hält, als meinen göttlichen Bruder betrachten, der sich hinter dem Schleier des Mißverständnisses verbirgt. Ich will den trennenden Schleier mit dem Dolch der Liebe zerreißen, damit dieser Bruder mein demütiges und verzeihendes Verhalten sieht und meinen guten Willen nicht länger verkennt.

Ich will all meinen Brüdern das Tor meiner Freundschaft öffnen – ob sie mich hassen oder lieben.

Ich will für andere dasselbe Mitgefühl haben wie für mich selbst. Ich will mir meine eigene Erlösung dadurch verdienen, daß ich meinen Mitmenschen diene.

Ich weiß, daß ich wie Christus allen Menschen meine Freundschaft anbieten muß, um die kosmische Liebe – die Gott ist – fühlen zu können. Menschliche Freundschaft ist das Echo der Freundschaft Gottes. Das größte Beispiel, das Jesus Christus uns gegeben hat, besteht darin, daß er Haß mit Liebe vergalt. Haß mit Haß zu vergelten, ist leicht; aber Haß mit Liebe zu vergelten ist schwerer und beweist echte Größe. Ich will alle Haßgefühle in der Feuersbrunst meiner sich ständig ausbreitenden Liebe verbrennen.

Ich will mir das Beste aus jedem Volk zu eigen machen. Ich will die guten Eigenschaften aller Nationen bewundern und meine Aufmerksamkeit nicht auf ihre Fehler richten.

Heute will ich mich über die Schranken der Eigenliebe und alle Familienbande erheben und mein Herz weit genug machen, um alle Kinder Gottes einzuschließen. Ich will ein Feuer allumfassender Liebe anzünden und erkennen, daß mein Himmlischer Vater im Tempel aller natürlichen Bindungen wohnt. Ich will all mein Verlangen nach Liebe in der heiligen Liebe zu Gott läutern und stillen.

ICH WILL ALLEN DIENEN

Aus Dankbarkeit für das göttliche Glück, das Du mir geschenkt hast, will ich mich bemühen, auch andere wahrhaft glücklich zu machen. Ich will die Freude meines Herzens mit allen teilen.

Heute will ich allen vergeben, die mich je gekränkt haben. Ich will den Durst aller Herzen mit meiner Liebe stillen – ob diese mich wiederlieben oder nicht.

Ich will zu einem Seelenfischer werden. Ich will die Unwissenheit anderer Menschen im Netz meiner Weisheit fangen und sie dem höchsten Gott darbieten, damit Er sie verwandeln kann.

Ich will immer Liebe und guten Willen auf andere ausstrahlen und ihnen damit den Zugang zur Liebe Gottes öffnen.

Ich weiß, daß mich das Licht Deiner Güte erfüllt. Laß mich zu einem Leuchtfeuer für alle werden, die auf dem stürmischen Meer des Leidens umherirren.

Ich bin bereit, allen zu dienen und den Hilfesuchenden mit meinen einfachen Ratschlägen, mit der Heilkraft der Wahrheit und mit dem bescheidenen Wissen, das ich im Heiligtum meines Schweigens gesammelt habe, beizustehen. Mein höchstes Bestreben soll sein, jedem, der mir begegnet, zu helfen, in seinem eigenen Inneren einen Tempel des Schweigens zu errichten.

GÖTTLICHER REICHTUM

Der König des Universums ist mein Vater. Ich bin der Kronprinz, der das Erbe Seines Königreiches, das alle Macht, alle Schätze und alle Weisheit umfaßt, antreten wird.

Ich bin aus Vergeßlichkeit zum Bettler geworden und habe es versäumt, mein göttliches Erbteil zu fordern.

O Vater, ich wünsche mir Reichtum, Gesundheit und Weisheit in Hülle und Fülle – aber nicht aus irdischen Quellen! Laß mich alles aus Deinen allbesitzenden, allmächtigen, allgütigen Händen empfangen.

Ich will kein Bettler sein und um irdische Reichtümer, um Gesundheit oder begrenztes Wissen bitten. Ich bin Dein Kind und fordere als solches meinen Anteil an Deinem grenzenlosen Reichtum.

Vater, laß mich fühlen, daß ich Dein Kind bin. Erspare es mir, betteln zu müssen. Laß mir alle guten Dinge, einschließlich Gesundheit, Wohlstand und Weisheit, zufallen, ohne daß ich sie mir mühsam erwerben muß.

Herr, lehre mich, dankbar für all die Jahre zu sein, in denen ich mich guter Gesundheit erfreute.

Ich will immer weniger Geld verbrauchen – nicht aus Geiz, sondern aus Selbstbeherrschung. Ich will weniger ausgeben, um mehr sparen zu können und mir und meiner Familie finanzielle Sicherheit zu verschaffen. Außerdem will ich all meinen Brüdern, die in Not sind, großzügig helfen.

Das Reich der Planeten und aller Überfluß der Erde gehören Dir, mein göttlicher Vater. Ich bin Dein Kind. Deshalb gehören mir alle Dinge genauso wie Dir.

Vater, lehre mich, bei all meinen Bemühungen um eigenen Wohlstand auch das Wohl anderer im Auge zu haben.

DER EINE IN ALLEM

Ich will den Unsichtbaren in den sichtbaren Körpern meines Vaters, meiner Mutter und meiner Freunde sehen, die auf die Erde gesandt wurden, um mich zu lieben und mir zu helfen. Indem ich sie alle liebe, will ich meine Liebe zu Gott beweisen. In ihren Beweisen menschlicher Zuneigung will ich nur die eine allumfassende Liebe Gottes erkennen.

Ich verehre Christus in den Tempeln all meiner menschlichen Brüder und im Tempel allen Lebens.

O Vater, laß mich fühlen, daß Du die Kraft hinter allem Reichtum – der Gehalt aller Dinge bist. Wenn ich Dich als erstes finde, dann finde ich in Dir auch alles andere.

Ich weiß, daß ich überall, wo die Menschen meine Bemühungen, Gutes zu tun, anerkennen, meine größten Dienste leisten kann.

O Göttlicher Gesetzgeber, da alles, was geschieht, mittelbar oder unmittelbar von Deinem Willen regiert wird, will ich mein Bewußtsein während der Meditation mit Deiner Gegenwart erfüllen und dadurch alle Probleme des Lebens lösen.

Gott ist Frieden. Gib dich ganz dem unendlichen Frieden hin, der dein Inneres erfüllt. Gott ist die ewig neue Freude der Meditation. Gib dich ganz der großen Liebe anheim, die in deinem Herzen wohnt.

O unendlicher Gott, in all meinen Freuden und im Feuer göttlicher Liebe will ich immer Dein leuchtendes Antlitz schauen!

Laß mich erkennen, daß Du die Kraft bist, die mich gesund und glücklich erhält und mich nach Deiner Wahrheit suchen läßt.

Ich bin ein Funke der Ewigkeit. Ich bin weder Fleisch noch Knochen. Ich bin Licht.

Indem ich anderen zum Erfolg verhelfe, finde ich meinen eigenen Reichtum. Im Glück der anderen finde ich mein eigenes Glück.

SELBSTVERVOLLKOMMNUNG

MEDITATION ÜBER DIE MONDSTRAHLEN

Laß nachts deinen Geist mit dem Licht des Mondes verschmelzen. Bade all dein Leid in seinen Strahlen. Fühle, wie sich das mystische Licht sanft über deinen Körper, die Bäume und die weite Landschaft ergießt. Geh hinaus ins Freie und schaue still über die mondhelle Landschaft hinweg auf den dunklen Rand am leuchtenden Horizont. Erhebe dich auf Flügeln der Meditation über die sichtbare Landschaft und den fernen Horizont. Schwinge dich über die Grenzen des Sichtbaren empor ins Land der Phantasie.

Laß deinen Geist von den Dingen, die im Mondlicht erglänzen, zu den matt schimmernden Sternen und fernen Himmeln aufsteigen, die jenseits in der ewigen Stille des Äthers liegen und alle von Leben durchpulst sind. Sieh, wie sich die Mondstrahlen nicht nur über die Erdhalbkugel, sondern über die Unermeßlichkeit deines Geistes ausbreiten. Meditiere, bis du im Mondlicht deiner eigenen Stille durch die endlosen Himmel schwebst und in tiefer Verwirklichung das ganze Universum als Licht wahrnimmst.

WIE MAN FREIHEIT ERLANGT

Warum bindest du die unendliche Seele an ein Knochengerüst? Laß sie los! Sprenge die Bande des Fleisches, die dich an Hunger, Lust und Schmerz und die Einflüsse deiner Umwelt gebunden halten. Entspanne dich! Löse die Seele aus der festen Umklammerung des Körpers. Laß dich nicht durch heftiges Atmen ins körperliche Bewußtsein hinabziehen. Sitze still in atemlosem Schweigen und sei jeden Augenblick darauf vorbereitet, den Vorstoß in die Freiheit, in die Unendlichkeit zu wagen. Hänge dein Herz nicht an den Kerker des Körpers.

Trenne die Seele mit dem scharfen Messer der Stille vom Körper. Schneide dein Bewußtsein vom Körper ab und gebrauche ihn nicht mehr als Vorwand, um dich mit allen möglichen Schranken abzufinden. Treibe dein Bewußtsein aus dem Gefängnis des Körpers hinaus und laß es in die Gedanken, Herzen und Seelen aller anderen dringen. Laß dein Licht in allen Lebewesen leuchten. Fühle, daß du das eine Leben bist, das die ganze Schöpfung erhellt.

SCHÖPFERISCHE TÄTIGKEIT

Ich will von meinen schöpferischen Fähigkeiten Gebrauch machen, um jede nützliche Beschäftigung erfolgreich zu Ende zu führen. Gott wird mir helfen, wenn ich mir selbst zu helfen versuche.

Ich habe meine erstorbenen Hoffnungen auf dem Friedhof des Gestern begraben. Heute will ich den Garten des Lebens mit dem Pflug neuer, schöpferischer Bestrebungen umgraben und die Saat der Weisheit und Gesundheit, des Wohlstands und Glücks ausstreuen. Dann will ich sie mit Selbstvertrauen und Glauben bewässern und geduldig warten, bis Gott mir die verdiente Ernte schenkt.

Auch wenn mir die Ernte nicht zuteil wird, will ich dankbar sein für das Gefühl der Genugtuung, mein Bestes geleistet zu haben. Ich will Gott danken, daß Er mir immer wieder die Kraft gibt, von neuem zu beginnen, bis ich mit Seiner Hilfe Erfolg habe. Und wenn ich erfolgreich gewesen bin, will ich Ihm danken, daß es mir gelungen ist, die sinnvollen Wünsche meines Herzens zu befriedigen.

Ich will mich bemühen, Gott Freude zu machen, indem ich immer pflichtbewußt und edel handle.

Ich bin der Steuermann, der am Ruder des richtigen Urteilens, Wollens und Handelns sitzt. Ich will mein Lebensschiff sicher steuern und immer nach dem Polarstern Seines Friedens ausschauen, der am Firmament meiner tiefen Meditation leuchtet.

Ich will ruhig tätig und tätig ruhig sein. Ich will nicht träge werden und geistig erstarren. Auch will ich mich nicht überarbeiten, um Geld zu verdienen, ohne mich am Leben freuen zu können. Ich will regelmäßig meditieren, um den richtigen Ausgleich zu finden.

Heute will ich das Tor meines Inneren öffnen und den Engel des Schweigens heimlich in den Tempel meiner Tätigkeit einlassen. Ich will all meine Pflichten mit innerer Heiterkeit und tiefem Frieden erfüllen.

Während ich arbeite und schöpferisch tätig bin, will ich mir immer vergegenwärtigen, daß Du es bist, der durch mich wirkt und schafft.

FÜR GOTT TÄTIG SEIN

Ich will lernen, mich tief auf Gott zu konzentrieren und dann die unbegrenzte Kraft der Konzentration dazu benutzen, alle mir von Gott übertragenen Pflichten zu erfüllen.

Ich will alles mit tiefster Aufmerksamkeit tun. In meiner Hausarbeit, im Beruf und in allen größeren und kleineren Pflichten, die mir das Leben stellt, will ich mein Bestes leisten.

Heute soll der Gott des Friedens den Thron meiner stillen Gedanken besteigen und all mein Handeln regieren.

Wenn ich Gottes Nähe in der Meditation gefühlt habe, will ich an meine Arbeit gehen – was es auch sein mag – und wissen, daß Er bei mir ist, mich richtig leitet und mir die Kraft gibt, jedes Ziel zu erreichen.

Ich will mein Geld nach Möglichkeit dazu benutzen, die große Menschenfamilie immer vollkommener und glücklicher zu machen.

Gott ist in mir und um mich herum und beschützt mich. Deshalb will ich alle finsteren Sorgen verbannen, die Sein wegweisendes Licht verdunkeln und mich in die Grube des Irrtums straucheln lassen.

Mit dem sanften Friedensschleier der Göttlichen Mutter will ich den Alptraum der Krankheit, des Leidens und der Unwissenheit verscheuchen.

Lehre mich, unbezähmbaren und besonnenen Mut zu entwickeln und mich nicht immer zu fürchten.

Ich stehe geschützt hinter der Festungsmauer meines guten Gewissens. Ich habe die Vergangenheit begraben und denke nur noch an das Heute.

Ich will mich vor nichts anderem fürchten als vor mir selbst – wenn ich versuche, die Stimme des Gewissens zu ersticken.

Heute will ich den trockenen Reisig der Ängste und Sorgen verbrennen und ein Freudenfeuer anzünden, das den inneren Tempel Gottes erleuchten soll.

Vater, lehre mich, weder mich noch andere mit dem häßlichen Feuer der Eifersucht zu quälen. Laß mich dankbar für alle Liebe und Freundschaft sein, die ich verdiene. Lehre mich, nicht zu klagen, wenn ich sie nicht von allen empfangen kann. Laß mich Liebe anstatt Eifersucht anwenden, um andere dazu zu bewegen, mir gegenüber ihre Pflicht zu tun.

So wie die Sonne ihr lebenspendendes Licht aussendet, will ich Strahlen der Hoffnung in die Herzen der Armen und Verlassenen senden und die Herzen aller, die sich für erfolglos halten, mit neuer Kraft erfüllen.

Ich will zuerst, zuletzt und jederzeit göttlichen Schutz suchen, indem ich mir immer Gottes Nähe vergegenwärtige. Er ist mein größter Freund und Beschützer.

Himmlischer GEIST, segne mich, damit es mir leichter fällt, glücklich zu sein, und ich mir nicht wegen jeder Prüfung und Schwierigkeit Sorgen mache.

ÜBERWINDEN VON ZORN

Ich nehme mir fest vor, keinen Zorn mehr zu zeigen. Ich will nicht das Gift des Ärgers in mein friedliches Herz spritzen und mein geistiges Leben töten.

Ich will mich über nichts anderes ärgern als über meinen eigenen Zorn. Ich kann niemandem zürnen, denn die guten und die bösen Menschen sind alle meine göttlichen Brüder – Kinder meines einen, göttlichen Vaters.

Ich will den Zorn anderer durch mein eigenes gutes Beispiel besänftigen, indem ich auch dann ruhig bleibe, wenn ich meine Brüder unter Zornausbrüchen leiden sehe.

Lehre mich, nie Anlaß des Ärgers zu sein und die grüne Oase des Friedens in mir und anderen durch die Feuersbrunst meines Zorns zu verwüsten. Lehre mich statt dessen, allen Zorn mit dem unversieglichen Quell meiner Liebe zu löschen.

Himmlischer Vater, befiehl dem See meiner Großmut, sich von den leidbringenden Stürmen des Zorns nicht aufwühlen zu lassen.

KRITIK UND MISSVERSTÄNDNIS

Ich will meine Zeit nicht damit vergeuden, über die Schwächen anderer zu sprechen. Wenn ich merke, daß ich Gefallen daran finde, andere zu kritisieren, will ich zuerst in Gegenwart aller laut über meine eigenen Fehler sprechen.

Ich will niemanden kritisieren, es sei denn, daß er mich darum bittet, und auch dann nur in dem aufrichtigen Wunsch, ihm zu helfen.

Ich will mich bemühen, jedem durch freundliche, aufmerksame Handlungen gefällig zu sein und immer versuchen, alle Mißverständnisse zu beseitigen, die ich bewußt oder unbewußt verursacht habe.

Ich will immer die unvergängliche Fackel der Güte hochhalten, um allen, die mich mißverstehen, den Weg zu erhellen.

Ich will die Tränen des Kummers trocknen, denn ich sehe ein, daß es Dir nicht darauf ankommt, ob ich eine große oder kleine Rolle im Leben spiele, sondern nur darauf, daß ich sie gut spiele.

Zuallererst will ich Gott suchen; damit werden auch alle meine anderen Wünsche erfüllt. Dann ist es unwichtig, ob ich in einem Palast oder einer Hütte wohne.

Ich will mit meinem ehrlich verdienten Geld einfach leben und auf allen Luxus verzichten.

Niemand kann mich durch seine verletzenden Worte oder Handlungen in Aufregung versetzen; und niemand kann mich durch Lobreden dazu verführen, mich für größer zu halten, als ich bin.

Weder ungerechte, gehässige Kritik noch schmeichelndes Lob kann mich innerlich berühren. Mein einziger Wunsch ist, Deinen Willen zu tun und Dir Freude zu machen, o Himmlischer Vater!

Ich will die Wahrheit reden, aber immer vermeiden, anderen unerfreuliche und nachteilige Wahrheiten mitzuteilen. Ich will nur dann Kritik üben, wenn sie aus der Güte meines Herzens kommt.

Ich will die Nacht des Mißverständnisses mit dem Sonnenschein meines guten Willens erhellen.

DEMUT UND STOLZ

Alle Kräfte, die ich habe, verdanke ich Dir. Niemand ist größer als Du, o Vater! Ohne Deine Weisheit und Deine Macht könnte ich weder leben noch schaffen. Du bist so groß, und ich bin so klein.

Laß mich nie stolz werden! Du bist der Guru, der im Tempel jeder menschlichen Seele lebt. Ich neige mich vor jedem Menschen, denn Du wohnst in ihnen allen.

Ich will Stolz mit Demut, Zorn mit Liebe, Aufregung mit Ruhe, Egoismus mit Selbstlosigkeit, Böses mit Gutem, Unwissenheit mit Wissen und Ruhelosigkeit mit dem unvergänglichen Frieden überwinden, den ich mir in der Stille des Schweigens erwerbe.

Ich will meinen Stolz darein setzen, demütig zu werden. Ich will mich geehrt fühlen, wenn ich verfolgt werde, weil ich Gottes Willen tue. Ich will mich über jede Gelegenheit freuen, bei der ich Haß mit Liebe vergelten kann.

WELTLICHE FREUDEN

Das Feuer der Weisheit lodert, und ich nähre die Flammen! Zwecklos ist jede Klage. Alle vergänglichen Freuden, alle ehrgeizigen Wünsche benutze ich als Reisig, um das ewige Feuer der Erkenntnis zu schüren. Die alten, geliebten Holzklötze der Begierde, die ich gesammelt hatte, um mir ein Mobiliar der Lust zu zimmern, werfe ich nun in die hungrigen Flammen.

Ah! Die Myriaden ehrgeiziger Wünsche knistern freudig unter der Berührung der göttlichen Flamme! Das alte Haus meiner Leidenschaften und Besitzgegenstände, das ich seit Inkarnationen bewohnte, das Reich meiner Träume und die zahllosen Luftschlösser meiner Phantasie – sie alle werden von meinem selbstentfachten Feuer verzehrt.

Ich schaue diesem Brand freudig zu, ohne zu trauern. Denn das Feuer hat nicht nur mein Haus der Materie verbrannt, sondern auch all die von Sorgen heimgesuchten Spukgebäude meiner Phantasie. Ich bin reicher als der reichste König!

Ich bin Herr meiner selbst und kein von Launen versklavter, materiell begüterter König. Ich besitze nichts – und bin doch Herr in meinem eigenen, unvergänglichen Reich des Friedens. Ich bin kein Sklave der Angst, der sich vor allen möglichen Verlusten fürchtet. Ich habe nichts zu verlieren. Ich throne im Himmel ewiger Zufriedenheit. Ich bin ein wahrer König!

SIEG ÜBER DIE VERSUCHUNGEN

Lehre mich, o GEIST, zwischen dem bleibenden Glück der Seele und den vorübergehenden Freuden der Sinne zu unterscheiden.

Lehre mich, nicht an den vorübergehenden Sinnenfreuden zu hängen, sondern die Sinne zu beherrschen, damit sie mir wahres Glück bringen. Lehre mich, die Versuchungen des Fleisches mit den höheren Freuden der Seele zu überwinden.

Ich lache über alle Angst, denn mein Himmlischer Vater, meine Göttliche Mutter, mein geliebter Gott ist immer und überall bei mir und sorgfältig darauf bedacht, mich vor allen Versuchungen des Bösen zu schützen.

O ewiger Eroberer, lehre mich, edle Eigenschaften in mir zu entwickeln – tapfere Krieger der Ruhe und Selbstbeherrschung. Sei Du ihr göttlicher General, der sie in den Kampf gegen die grimmigen Feinde – Zorn, Undankbarkeit und Unwahrheit – führt. Mein Leben steht unter der Fahne Deiner unbesiegbaren Gerechtigkeit.

O Vater, schule meine Sinne, damit sie nicht wie widerspenstige Kinder von Dir fortlaufen. Lenke meine Augen nach innen, damit ich Deine ewig wechselnde Schönheit erblicke. Schule meine Ohren, damit ich Deinem inneren Lied lausche.

Göttliche Mutter, lehre mich, so sehr an Dir zu hängen,
daß mich keine irdischen Freuden mehr verlocken können.
Lehre mich durch Deine Liebe, alle Sehnsucht nach einem
weltlichen Leben zu überwinden.

Göttlicher Lehrer, schule meine törichten, widerspenstigen Sinne. Vergeistige ihre Freuden, damit sie hinter dem
täuschenden Glanz der sichtbaren Formen die göttliche
Freude entdecken, die in der Einfachheit liegt.

ZUR SCHULUNG DES WILLENS

Heute will ich mir vornehmen, bei allem, was ich tue, Erfolg zu haben. Der Wille ist die große Triebfeder unseres Handelns. Er kann unbegrenzte Mengen kosmischer Energie in Bewegung setzen.

O ewige Energie, erwecke in mir bewußten Willen, bewußte Lebenskraft, bewußte Gesundheit und bewußte Selbstverwirklichung.

Lehre mich, O GEIST, nach Deinem Willen zu handeln, bis all meine Gedanken mit Deinem harmonischen Plan übereinstimmen.

In mir liegt genug verborgene Kraft, alle Hindernisse und Versuchungen aus dem Wege zu räumen. Ich will diese unbezwingbare Kraft und Energie zum Ausdruck bringen.

Unbesiegbarer Herr, lehre mich, unermüdlich meinen Willen zu gebrauchen, um Gutes zu tun, bis das kleine Licht meines Willens zur kosmischen Flamme Deines allmächtigen Willens wird.

Geliebter Vater, ich weiß, daß ich durch meinen machtvollen Willen Krankheit, Fehlschlag und Unwissenheit beseitigen kann, aber die Ausstrahlung meines Willens muß stärker sein als die Schwingungen der körperlichen oder geistigen Krankheit. Je chronischer die Krankheit ist, um so stärker, ausdauernder und unbeugsamer müssen meine Entschlußkraft, mein Glaube und mein Wille sein.

Heute will ich Initiative entwickeln. Wer Initiative besitzt, kann Dinge aus dem Nichts erschaffen und durch die große erfinderische Kraft des GEISTES das Unmögliche möglich machen.

Himmlischer Vater, hilf mir, meinen Willen zu stärken. Lehre mich, nicht zum Sklaven meiner Gewohnheiten zu werden. Zeige mir, wie ich mich durch innere und äußere Disziplin geistig höherentwickeln kann.

Ich will meinen freien Willen mit dem unendlichen Willen Gottes in Einklang bringen, und mein einziger Wunsch soll sein, den Willen dessen zu tun, der mich gesandt hat.

WEISHEIT UND VERSTÄNDNIS

Da Du mir Dein unauslöschliches Bild der Vollkommenheit aufgeprägt hast, lehre mich nun, die oberflächlichen Flecken der Unwissenheit abzuwischen und zu erkennen, daß Du und ich eins sind und seit jeher eins waren.

Mögen alle dämonischen, aufdringlichen Gedanken die Flucht ergreifen, damit meine vergeßliche Seele Dein stilles Leitmotiv hören kann.

Ich will erkennen, daß hinter aller Unwissenheit Seine Weisheit, hinter allem Leid Seine Freude und hinter aller Gebrechlichkeit Seine Kraft steht; denn ich weiß, daß Gottes Vollkommenheit die einzige Wirklichkeit ist.

Ich bin ein unsterbliches Gotteskind, das für kurze Zeit in der Karawanserei* dieses Körpers lebt. Ich bin gekommen, um allen traurigen und fröhlichen Ereignissen dieses Lebens mit unwandelbarer Heiterkeit zuzuschauen.

Da Gott mir alles gegeben hat, was ich brauche, will ich mich zuerst darum bemühen, Ihn zu erkennen, und dann Seinen Rat befolgen, indem ich nur noch wünsche und tue, was Er will.

---

* Mit Karawanserei, einer Art Herberge, in der orientalische Karawanen auf der Durchreise rasten, ist in diesem Zusammenhang der vorübergehende Aufenthalt des Menschen auf seiner Reise durch viele Inkarnationen gemeint.

Da ich freien Willen besitze, bin ich in Wirklichkeit ein Kind Gottes. Ich habe geträumt, daß ich ein sterbliches Wesen sei. Doch nun bin ich erwacht! Vergangen ist der Traum von der Gefangenschaft meiner Seele im Käfig des Körpers. Ich bin all das, was mein Himmlischer Vater ist.

Jeden Morgen will ich den unparteiischen Richter der Selbstprüfung wecken und ihn bitten, mich vor das Tribunal meines Gewissens zu führen. Dort will ich den Bevollmächtigten meiner Unterscheidungskraft auffordern, die groben Irrtümer zu verfolgen, die sich in das Friedensreich meiner Seele gestohlen haben.

Im immergrünen Garten des Friedens will ich Hütten der Weisheit bauen, die im leuchtenden Blütenschmuck seelischer Tugenden prangen.

Ich will zuerst und zuletzt danach streben, für mich und alle anderen göttliche Schätze zu erwerben.

O transzendenter Gottvater, o allumfassendes Christusbewußtsein, o heilige, schöpferische Schwingungskraft, gib mir Weisheit, damit ich die Wahrheit erkenne. Laß mich durch meine eigenen Bemühungen und durch die Kenntnis Deiner Gesetze die hohe Leiter der Verwirklichung erklimmen, um endlich auf dem leuchtenden Gipfel der Erfüllung zu stehen und Dich, o allmächtiger GEIST, von Angesicht zu Angesicht zu schauen.

Eine Granate der Sehnsucht nach der anderen schieße ich ab, um den Wall der Täuschung zu durchbrechen. Mit der Rakete der Weisheit und dem schweren Geschütz der Entschlußkraft will ich die Festung meiner Unwissenheit zerstören.

Lieber Vater, ganz gleich, in welcher kritischen Lage ich mich befinde, ich weiß, daß sie die nächste Stufe auf meinem Entwicklungsweg darstellt. Ich will alle Prüfungen willkommen heißen, denn ich weiß, daß ich die Einsicht besitze, sie zu verstehen, und die Kraft, sie zu überwinden.

Ich bin ein Friedefürst, der auf dem Thron innerer Ausgeglichenheit sitzt und von dort aus das Reich seines Handelns regiert.

Anstatt geistesabwesend zu sein, will ich in jeder freien Minute an Dich denken.

Göttlicher Vater, heute will ich zu erkennen versuchen, von welch großer Wichtigkeit es ist, immer weisen Gebrauch von meinem Willen zu machen.

Ich will mich auf Deinen von Weisheit geleiteten Willen abstimmen, um meinen von Gewohnheiten geleiteten Willen richtig zu lenken.

Ich will mich bemühen, innerlich ruhig zu werden und zu wissen, daß Gott immer bei mir ist. Ich bin GEIST.

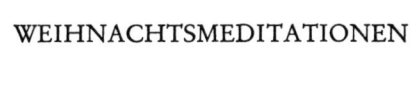

WEIHNACHTSMEDITATIONEN

Richte den Blick empor und wende dich nach innen. Schau den astralen Stern göttlicher Weisheit und laß deine eigenen weisen Gedanken diesem teleskopischen Stern folgen, bis du Christus überall wahrnimmst.

In jenem Land der ewigen Weihnacht, des feierlichen, allgegenwärtigen Christusbewußtseins, wirst du Jesus, Krischna, die Heiligen aller Religionen und die großen Gurus finden, die dich freudig erwarten, um dich mit den unverwelklichen Blumen des Glücks willkommen zu heißen.

Bereite dich auf das Kommen des Christuskindes vor, indem du deinen inneren Christbaum schmückst und darunter deine Gaben der Friedfertigkeit und Vergebung, des Edelmuts und der Hilfsbereitschaft, der Güte, des Verständnisses und der Frömmigkeit legst. Dann schlage sie in das Goldpapier des guten Willens ein und verschnüre sie mit dem Silberband der Aufrichtigkeit.

Möge der Herr am Weihnachtsmorgen deiner geistigen Erweckung die prächtigen Geschenke deines Herzens auspacken, die mit den Tränen deiner Freude versiegelt und mit dem Band ewiger Treue verschnürt sind.

Er nimmt nur die heiligen Geschenke seelischer Tugenden an, und Seine Annahme ist Sein größtes Geschenk an dich, denn sie bedeutet, daß Er dir als Gegengabe nichts Geringeres gibt als Sich selbst. Und wenn Er Sich dir selbst zu eigen gibt, macht Er dein Herz auch weit genug, Ihn

*zu empfangen. Dann wird dein Herz von Christus erfüllt
sein und seinen Pulsschlag in allen Dingen fühlen.*

*Freue dich auf dieses Fest der Geburt Christi – freue dich
in Geist und Seele und in jedem lebenden Atom.*

*In täglicher Meditation kannst du die Wiege deines Be-
wußtseins vorbereiten, um das Christuskind der Unendlichkeit aufzunehmen. Dann wird jeder Tag zu einem
wahren Christfest göttlicher Vereinigung.*

Ich will, wie Jesus, ein Sohn Gottes sein und mein Bewußtsein durch die Meditation heiligen und erweitern,
damit ich Gott in Seiner ganzen Fülle empfangen kann.

EIN WEIHNACHTSVERSPRECHEN

Ich will mich auf das Kommen des allgegenwärtigen Christuskindes vorbereiten, indem ich die rostig gewordene Wiege meines Bewußtseins von aller Selbstsucht und Gleichgültigkeit und allem sinnlichen Verlangen reinige und ihr durch tägliche, tiefe Meditation, Selbstprüfung und Unterscheidungskraft neuen Glanz verleihe. Ich will die Wiege neu ausstatten und sie mit den seelischen Tugenden der Bruderliebe und Demut, des Glaubens und Gottverlangens, der Willenskraft und Selbstbeherrschung, der Entsagung und Selbstlosigkeit schmücken, damit ich die Geburt des göttlichen Kindes würdig feiern kann.

MEDITATION FÜR DEN WEIHNACHTSMORGEN

Während der Weihnachtszeit feiere die Geburt Christi in der Wiege deines Bewußtseins. Fühle tief im Herzen Seine Unermeßlichkeit, die die Natur und den weiten Raum erfüllt und sich in der allumfassenden Liebe offenbart.

Durchbrich die Schranken des Kastengeistes, des Rassenbewußtseins, der religiösen Vorurteile und der Disharmonie, damit die Wiege deines Herzens weit genug wird, um die Liebe Christi aufzunehmen, die die ganze Schöpfung umfaßt.

An jedem Weihnachtsmorgen innerer Wahrnehmung stelle kostbare Geschenkpakete zusammen, die mit göttlichen Tugenden angefüllt sind, und sende sie allen geliebten Seelen, die sich um den Christbaum der inneren Erwekkung* versammelt haben und Seine Geburt in der Erkenntnis der Wahrheit und in innerer Freude feiern.

Wenn du freudig das Christfest deines inneren Erwachens feierst und die Geburt des allwissenden, allgegenwärtigen Christusbewußtseins in dir selbst erlebst, werden sich all deine Träume vom ewigen Glück erfüllen.

Laß das allwissende Christusbewußtsein** auf die Erde wiederkehren und in dir geboren werden, so wie es damals im Geist Jesu geboren ward.

---

* Gemeint ist die Wirbelsäule mit ihren sechs *Tschakras* (Licht und Energiezentren).

** Das Sanskritwort lautet *Kutastha Tschaitanya*. Es ist das selige Bewußtsein, das die ganze Schöpfung durchdringt und ewig unverändert bleibt — das Bewußtsein, das in jedem Atom der schwingenden Schöpfung den GEIST wahrnimmt.

116

DER VERKLÄRENDE CHRISTUS

Christus hat seit jeher in mir gewohnt. Seine Stimme erklang in meinem Bewußtsein und predigte meinen zuchtlosen, heuchlerischen Gedanken. Er stillte den Sturm auf dem See meines Lebens und vieler anderer Leben mit dem Zauberstab meditativer Intuition. Ich war geistig blind und mein Wille gelähmt. Doch als ich in Christus erwachte, wurde ich von ihm geheilt.

Christus wandelte auf den stürmischen Wellen meines Geistes, doch der Judas der Unruhe und Unwissenheit, der sich vom Teufel sinnlicher Verlockungen betrügen ließ, verriet meine Christus-Ruhe und Christus-Freude und nagelte das Göttliche ans Kreuz der Vergessenheit.

Christus befahl meiner entschlafenen Weisheit, ihr Trauerkleid der Täuschung abzulegen, und erweckte sie zu neuem Leben.

Endlich gehorchten mein Wille und Glaube, meine Intuition und Reinheit, meine Hoffnung und Meditation, meine edlen Wünsche und guten Gewohnheiten, meine Selbstbeherrschung und göttliche Wahrnehmung, meine Frömmigkeit und Weisheit – endlich gehorchten alle diese Jünger dem Gebot Christi, der auf dem hohen Berg meiner Meditation erschien.

O lebendiger Christus! Du bist im Körper Jesu und in uns allen gegenwärtig. Offenbare Dich in Deiner ganzen Kraft und Herrlichkeit und im ewigen Licht Deiner Weisheit.

WEIHNACHTSMEDITATION

Alle meine Gedanken sind damit beschäftigt, den Christbaum der Meditation mit den kostbaren Gaben der Liebe
zu schmücken und sie mit dem tiefempfundenen Gebet zu
versiegeln, daß Christus kommen möge und meine demü-
tigen Gaben annehme.

Ich will im Geist an den Feiern aller Moscheen, Kirchen
und Tempel teilnehmen und die Geburt des universalen
Christusbewußtseins als tiefen Frieden auf dem Altar aller
andächtigen Herzen erleben.

O Christus, mögen alle Herzen an diesem Weihnachtstag
und an allen anderen Tagen die Geburt Deiner Liebe
fühlen!

O Christus, segne Deine Kinder, damit sie sich innerlich
an Deine Gesetze halten. Laß uns erkennen, daß Du im
Leid unsere beste Zuflucht bist.

Lehre uns, o Christus, unserem Vater die gleiche Liebe zu
schenken wie Du.

Seit Inkarnationen hat Christus auf mich gewartet, um
endlich in mir neu geboren zu werden. Ich habe die
Schranken meines begrenzten Geistes durchbrochen, damit
das Christuskind auf dem Schoß meines Bewußtseins er-
wachen kann.

Das Christusbewußtsein in mir ist der Hirte, der meine
ruhelosen Gedanken in die göttliche Heimat des Friedens
führt.

O Herr, mache mein Herz weit genug, Dich zu empfangen, damit es vom Christusbewußtsein erfüllt wird und Seinen Pulsschlag in allen Dingen fühlt. Dann weiß ich mich in Herz und Seele eins mit jedem kreisenden Atom und kann freudig das Fest Deiner Geburt feiern.

INHALTSVERZEICHNIS

Seite

Weitere Werke von **Paramahansa Yogananda**
im O. W. Barth Verlag:

Paramahansa Yogananda
AUTOBIOGRAPHIE EINES YOGI
10. Auflage
504 Seiten – 45 z. T. gzs. Abbildungen
DIE RELIGIONSWISSENSCHAFT
2. Auflage
104 Seiten – kart. m. Glanzlacküberzug
WISSENSCHAFTLICHE HEILMEDITATIONEN
4. Auflage
Theorie und praktische Anwendung der Konzentration
96 Seiten – kart. m. Glanzlacküberzug
WORTE DES MEISTERS
2. Auflage
128 Seiten – Pbck.
Swami Sri Yukteswar
DIE HEILIGE WISSENSCHAFT
4. Auflage
100 Seiten – kart. m. Glanzlacküberzug